두둥, **무서운** 기생충이 입장하였습니다

글 서민

학교 다닐 때 못생겼다는 소리를 들으며 자란 탓에 기생충을 만났을 때도 그리 놀라지 않을 수 있었습니다. 오히려 기생충이 심성이 착할 뿐 아니라 영리하기까지 하다는 점에 매료돼 평생 기생충과 더불어 살아가기로 결심했지요. 지금은 단국대학교에서 학생들을 가르치고 있으며, 글과 강연 그리고 방송을 통해 기생충을 사랑하자는 메시지를 전달하고 있습니다. 외모 지상 주의에 물들기 전의 아이들에게 기생충의 매력을 전해 주기 위해 이 책을 썼습니다. 이 책과 더불어 기생충의 세계로 가 봅시다!
지은 책으로는 <서민의 기생충 콘서트> <서민의 기생충 열전> <소년소녀, 과학하라!> <서민적 글쓰기> 들이 있습니다.

그림 김석

<아이큐 점프> 신인 공모전을 통해 만화가로 데뷔하여 유쾌한 캐릭터로 재미있는 그림을 그리고 있습니다. 늘 아이들에게 가까이 다가가려 노력하며 즐거움을 주려는 마음으로 작업하고 있습니다. 지금은 어린이 잡지 <어린이 과학동아> <어린이 동산> 들에 그림을 그리고 있습니다.
그린 책으로는 <퍼즐탐정 썰렁홈즈> <둥글둥글 지구촌 지리 이야기> <정재승의 만화 과학 콘서트> <초등수학사전> 들이 있습니다.

* 일러두기
1. 맞춤법과 띄어쓰기는 국립국어원에서 펴낸 <표준국어대사전>을 따랐습니다.
2. 외국 인명, 지명 등은 국립국어원의 <외래어 표기 용례집>을 참고하였습니다.
3. 기생충명은 대한기생충학회의 <기생충학 학술 용어>를 참고하였습니다.

기생충 박사 서민의 홀릭홀릭

두둥, 무서운 기생충이 입장하였습니다

서민 지음 | 김석 그림

웅진주니어

차례

시작하며
기생충은 내 친구
— 6

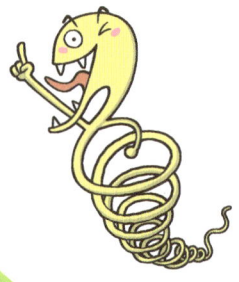

No.1
복숭아뼈를 조심해!
메디나충
— 14

No.3
영원히 잠들고 싶어!
수면병원충
— 30

No.2
앗, 눈이 캄캄해!
회선사상충
— 22

No.4
숙주의 뇌를 조종하는
개미선충
— 38

No.5
빈대를 조심해!
크루즈파동편모충
— 46

No.7
뇌 먹는 아메바를 조심해!
파울러아메바
—
60

No.8
돌이킬 수 없는 림프사상충증!
사상충
—
68

No.6
기생충은 수도관을 타고
와포자충
—
54

No.9
목숨 걸고 한판 대결!
간모세선충 vs 쿠퍼 세포
—
76

No.10
모기가 옮기는 기생충
말라리아
—
84

작가의 말
—
96

마치며
무서운 기생충 별별 어워드
—
92

intro 기생충은 내 친구!

오랜 세월을 함께 살아왔지만 한결같이 미운 존재, 기생충.
그런데 이 기생충을 애지중지 아끼고
사랑하는 사람이 있어요.
바로 저, 기생충 박사 서민이랍니다!
왜 기생충을 사랑하는지 들어 보실래요?

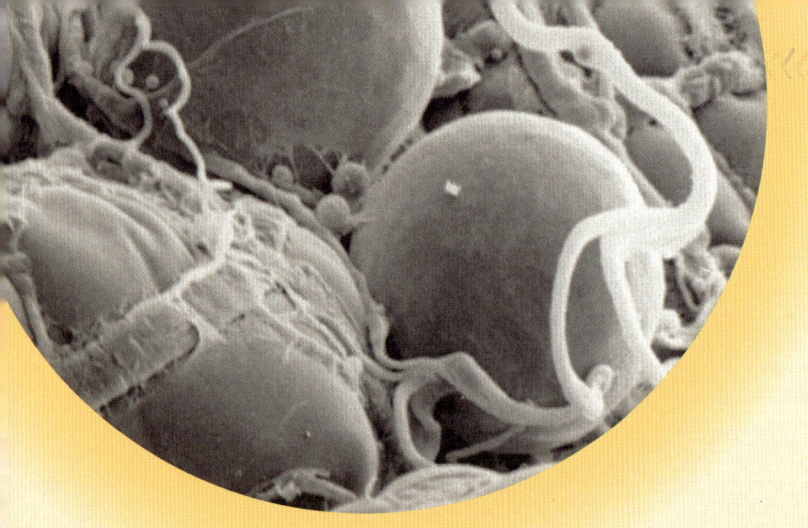

기생충 말고 뱀도 키웁니다, 왜?

연구실에 기생충이 우글대는 건 아닐까? 제 연구실에 처음 오는 사람들은 이렇게 호기심 반, 두려움 반으로 찾아와요. 그러다가 연구실에 들어오면 잠깐 멈칫하며 냄새를 맡죠. 어디선가 퀴퀴한 냄새가 콧속을 파고들거든요. 그럼 이게 기생충 냄새인가 생각들을 하죠. 그런데 그게 사실 뱀 냄새예요.

연구실에서 뱀을 기르다니! 놀라서 뒷걸음치는 사람도 있어요. 하지만 다행히 뱀은 박스 안에 있답니다. 왜 뱀을 키우냐고요? 기생충을 연구하려면 뱀이나 새 같은 동물과 친해져야 해요. 동물의 배설물에서만 볼 수 있는 기생충이 많거든요. 애완용은 아니니까 너무 이상하게 보진 마세요. 흐흐흐.

뱀 때문에 황당한 일도 많았어요. 청소부 아주머니가 뱀이 들어 있는 박스를 쓰레기로 착각해서 내다 버리는 바람에, 쓰레기장을 한참 뒤진 끝에 뱀 박스를 찾아온 적도 있지요. 다행히 뱀은 무사했고, 뱀의 배설물을 관찰하는 연구도 잘 진행되고 있답니다.

알고 보면 흥미진진, 무궁무진~

　기생충과 첫 인연을 맺은 것은 의과 대학에 진학한 지 2년이 지났을 때였어요. 그 전에는 기생충에 별 관심이 없었고, 오히려 기생충을 공부하는 사람들을 보면 '왜 저런 걸 공부하지?' 하고 의아해할 정도였지요. 기생충을 연구하려면 동물이나 사람의 배설물을 직접 눈으로 살펴보고 손으로 만져야 한다는 편견도 기생충학을 기피하게 만들었어요. 기생충학을 그저 사람의 똥을 만지고 분석하는 학문이라고 생각했던 거죠.

　또 이전까지 접한 기생충학은 그저 '어느 지역에서 회충이 몇 마리 발생했다더라.' 이런 식의 통계를 배우는 수준이어서, 딱히 흥미도 없었어요. 그런데 의과 대학에 와서 공부해 보니 기생충의 DNA를

환자의 배 속에서 꺼낸 기생충을 한번 살펴볼까?

우리도 자세히 보면 생각보다 귀엽다고요.

분석하는 등 연구가 굉장히 전문화돼 있더라고요. 기생충학과 교수님이 '넌 기생충을 공부하면 잘할거야.'라고 응원해 주신 것도 큰 힘이 됐죠. 그때부터 기생충을 좋아하게 되었어요.

기생충, 생각보다 해롭지 않네?

더럽다, 징그럽다, 쓸모없다…. 기생충에 대한 세상의 편견은 참 모질어요. 사람 몸에 무조건 해롭다고 생각하는 경우도 많고요. 하지만 오히려 사람 몸에 해롭지 않은 기생충이 더 많답니다.

비유를 하자면, 기생충은 매달 월세를 조금씩 내고 남의 집에 사는 세입자와 같아요. 사람 몸이 남의 집인 거죠. 이 세입자가 몸집을 점점 불려서 집에서 차지하는 비중이 커지면, 그게 바로 기생충으로 인한 증상으로 나타나는 거죠. 하지만 보통 기생충들은 감염돼도 별다른 증상을 일으키지 않아요. 주인의 눈치를 보며 사는 존재감 없는 세입자들이 대부분인 거죠. 기생충들의 목적은 그저 조용히 빌붙어 살면서 알을 많이 낳는 것뿐이에요.

그럼 기생충과 해충은 뭐가 다르냐고요? 기생충은 일정 기간을 숙주와 함께 살아야 해요. 파리나 모기 같은 해충들은 때때로 사람을 귀찮게 할 뿐이지, 사람 몸에 붙어 살아가는 것이 아니므로 기생충이라 볼 수 없어요. 머리를 잘 감지 않았을 때 생기는 머릿니는? 두피에 붙어서 살아가므로 기생충이지요.

미니 기생충 박스
추억의 기생충, 회충

많은 사람들이 '기생충' 하면 가장 먼저 떠올리는 것은 흙이나 야채에 묻은 회충 알을 통해 감염되는 회충이에요. 요즘은 회충에 감염된 사람이 별로 없지만, 여전히 계절이 바뀔 때마다 구충제를 먹는 경우가 많지요. 이게 다 과거에 우리나라의 회충 감염률이 지나치게 높았기 때문이에요. 1960~1970년대만 해도 우리나라 사람 중 80퍼센트 이상이 회충에 감염돼 있었거든요. 사람의 대변을 농작물의 비료로 썼기 때문이죠. 사람의 대변에서 나온 회충 알이 채소에 붙어서 다시 사람의 입으로 들어가는 과정이 반복되다 보니, 겉절이와 김장 김치를 먹는 봄과 가을에 회충 감염률이 특히 높았어요. 그래서 우리나라에서는 학교에서 대변 검사를 실시하고 구충제를 보급하는 등 회충을 박멸하기 위해 최선을 다했지요. 지금은 회충 감염률이 0.3퍼센트 이하로 줄었어요.

> 부모님에게 '채변 봉투'에 대해 물어봐요. 재미있는 이야기를 들려주실걸요?

기생충, 기왕이면 이용해 봅시다

어느 날, 한 환자가 찾아왔어요. 멧돼지 고기를 날것으로 먹은 뒤부터 얼굴이 붓고 눈에서 피가 나는 환자였지요. 병원에서도 어떤 바이러스에 감염된 것인지 밝혀내지 못했어요. 하지만 전 환자의 증상을 보고 단번에 '선모충'에 감염된 것이라고 진단했지요. 선모충은 멧돼지의 기생충이에요. 이 환자처럼 원인 모를 증상이 계속되면 기생충에 의한 감염도 의심해 봐야 해요. 기생충은 종류에 따라 증상이 비교적 명확하거든요. 기생충만 잘 알아도 명의가 될 수 있답니다.

　기생충은 더 이상 반드시 박멸해야 했던 과거의 애물단지가 아니

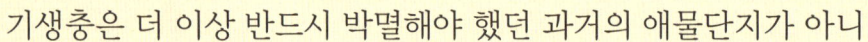

에요. 앞의 예처럼 병원에서 알아내지 못한 희귀병의 원인을 밝혀내는 단서가 되기도 하거든요. 또, 미라의 몸에서 나온 기생충을 통해 옛날 사람들의 식생활을 분석하기도 하지요. 기생충을 이용해 신체의 면역력을 조절하는 연구도 활발하게 진행 중이라고 해요.

　기생충을 소개하기에 앞서 꼭 하고 싶은 한마디!

　눈에 잘 보이지는 않지만, 기생충은 사람과 떼려야 뗄 수 없는 관계랍니다. 그러니 마음을 열고 사람의 가장 오래된 친구인 기생충의 매력에 한번 빠져 보세요!

헉, 무슨 기생충이 이렇게 길어?

인간의 몸에 들러붙어 사는 걸로도 모자라 건강까지 해치는 기생충! 그중에서도 감염되면 무조건 물가로 향하게 만드는 무시무시한 녀석이 있어요.
그 이름은 바로 메디나충!

날 잡겠다고?

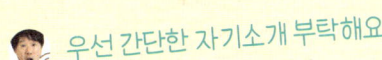

메디나충

🧒 우선 간단한 자기소개 부탁해요.

🐛 이름은 메디나충. 사우디아라비아의 메디나가 선조들의 고향이거든. 서아프리카의 기니 해안에서도 오래 살았기 때문에 '기니 웜'이라는 별명도 있어. 원래 중동 지역과 아프리카에 살았는데 지금은 수단과 나이지리아, 에티오피아, 말리 등 아프리카 4개국에서만 살아. 그쪽이 살기가 좋더라고.

🧒 그렇군요. 그런데 나이가 꽤 많다고 들었어요.

🐛 응, 기원전 1500년 전 문서에도 기록이 남아 있을 정도니까.

🧒 단도직입적으로 물어봅시다. 사람의 몸에는 어떻게 들어갑니까?

🐛 비밀인데… 박사한테만 특별히 알려 주지. 힌트는 '더러운 물'이야.

🧒 엥? 그렇게만 말하면 어떻게 압니까?

🐛 이 사람이 다 차려진 밥상에 수저만 얹으려고 하네. 그건 스스로 연구해 보라고!

메디나충의 또 다른 이름은 불뱀?

메디나충의 비밀을 알아내려면 우선 역사부터 살펴봐야 해요. 기원전 1550년경에 쓰여진 이집트의 고대 문서를 보면 메디나충에 걸렸을 때 나타나는 증상과 몸에서 메디나충을 빼내는 방법 등이 나와 있어요. 이집트에서 발견된 여자아이 미라의 배에서 메디나충 암컷이 나온 적도 있지요.

기원전 1200년 전, 모세가 이스라엘 사람들을 이끌고 이집트를 탈출할 때 홍해가 둘로 갈라졌다는 구약 성서의 이야기는 유명해요. 하지만 그때 많은 사람들이 메디나충 때문에 죽었다는 사실은 잘 알려져 있지 않아요. 성서를 보면 "여호와께서 불뱀들을 백성들에게 보내 물게 하므로 이스라엘 백성 중에 죽은 자가 많은지라."라는 구절이 있어요. 여기서 나오는 불뱀이 바로 메디나충이라는 학설도 있어요. 뱀처럼 길고, 몸에 들어가면 피부가 불에 덴 것처럼 화끈화끈하다고 해서 붙은 이름이랍니다.

메디나충은 17세기 아프리카 기니를 여행한 유럽인 벨시우스가 처음 본 뒤 유럽에도 알려졌어요. 그 뒤 여러 연구가 진행됐죠. 1913년, 인도의 세균학자 터커드는 지원자를 뽑아서 일부러 메디나충에 감염시켰다고 해요. 완전 엽기죠? 그래도 이런 노력 덕분에 메디나충은 현재 거의 없어졌답니다.

성냥을 이용해 메디나충을 감아올려 제거하는 모습

메디나충은 물을 좋아해

메디나충은 사람 몸에 들어오면 배에 숨어 있다가, 새끼를 낳을 때가 되면 긴 터널을 파고 피부 표면으로 이동해요. 메디나충이 피부 표면에 머리를 내밀면 물집이 잡히고, 그러면 그 부위가 뜨거워서 팔짝팔짝 뛰게 돼요.

사람은 뜨거우면 본능적으로 물을 찾게 되는데, 물집이 있는 부위를 물에 담그면 뜨겁던 게 싹 사라지죠. 그런데 이게 바로 메디나충

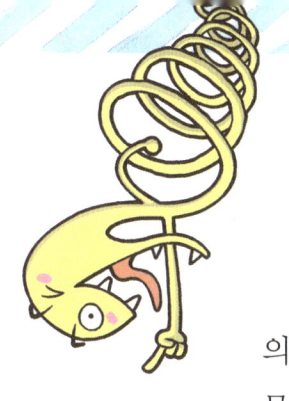

의 작전이에요. 물에 발을 담그는 순간 물집이 터지면서 메디나충의 몸속에 있던 새끼, 즉 애벌레들이 물속으로 빠져나가거든요. 다시 말해 메디나충은 사람 몸을 뜨겁게 만들어 물가로 유인하는, 아주 교활한 기생충이란 거죠.

갓 태어난 애벌레들은 물속에서 배고픈 물벼룩한테 잡아먹혀요. 그럴 거면 뭐하러 애벌레를 물속으로 내보내냐고요? 이것도 다 메디나충의 꼼수예요. 메디나충의 애벌레는 물벼룩에게 먹혀도 죽지 않아요. 물벼룩의 몸 안에서 때를 노리는 거죠.

사람이 물을 마시다 보면 물벼룩도 같이 먹을 때가 있잖아요? 그때 물벼룩의 몸 안에 있던 애벌레들은 기지개를 켜고 나와서 사람의 배나 가슴으로 이동해요. 그리고 어른으로 자라죠. 그다음 짝짓기도 하고, 새끼도 낳지요. 이런 식으로 사람을 고통스럽게 하는 게 바로 메디나충이에요.

4. 기회는 이때다! 복숭아뼈 근처에 있던 메디나충이 애벌레 수천 마리를 내보내요.

6. 애벌레를 품은 물벼룩이 들어 있는 물을 다른 사람이 마셔요.

5. 뭣도 모르는 물벼룩이 애벌레를 냠냠 먹어 치워요.

없애려면 인내심이 필요해

 복숭아뼈 근처에서 긴 벌레 한 마리가 머리를 내밀었다면, 어떻게 해야 할까요? 눈에 보이는 기생충은 일단 뽑아야지요. 놀랍게도 3500년 전이나 지금이나 치료법은 똑같답니다. 어차피 약도 없거든요.

 단 주의할 점! 무리해서 뽑다가는 중간에 끊어질 수 있어요. 메디나충은 아주 천천히, 조심조심 꺼내야 해요. 뽑는 데 한 달 정도가 걸릴 수 있으니, 감염된 사람이나 치료하는 사람이나 모두 인내심을 가져야 해요. 메디나충을 빼고 있는데 괜히 툭툭 건드리면 안 된다는 거, 명심하세요. 꼭!

깨끗한 물만 마셔도 감염 줄어

 좋은 소식이 있어요. 메디나충이 지구상에서 점점 자취를 감추고 있다는 거죠. 1985년만 해도 매년 350만 명이 감염되었는데, 2008년 이후 감염자가 5천 명으로

카터 재단은 메디나충 박멸뿐만 아니라 제3세계 국가의 질병 예방과 민주주의 정착을 위한 활동에도 앞장섰어요. 이에 대한 공로로 2002년 지미 카터는 노벨 평화상을 수상했지요.

줄었어요. 미국 대통령을 지낸 지미 카터가 세운 '카터 재단'이 필터 비용을 지원하며 메디나충을 박멸하는 데 큰 역할을 한 덕분이었죠.

물을 마실 때 물벼룩을 같이 삼켜서 메디나충에 걸린다고 했죠? 물을 마시기 전에 필터로 거르면 물벼룩이 통과하지 못해서 메디나충을 예방할 수 있어요. 메디나충 때문이 아니더라도 더러운 물을 마시면 다른 기생충에 감염될 수 있으니, 반드시 깨끗한 물만 마셔야겠죠?

미니 기생충 박스
메디나충의 서식지, 복숭아뼈

메디나충은 주로 어느 곳에 물집을 만들까요? 정답은 복숭아뼈 근처예요. 왜 하필 복숭아뼈일까요? 어깨나 등에 물집을 만들어 봐요. 어깨가 뜨겁다고 사람들이 어깨를 물에 담그나요? 그렇다고 긴팔원숭이도 아닌데 등에 물을 뿌리기는 당연히 힘들겠죠? 하지만 메디나충은 물 근처로 가지 않으면 애벌레를 널리 퍼뜨릴 수 없어요. 그럼 곧 전멸하겠죠? 그러니까 메디나충은 물에 쉽게 담글 수 있는 부위인 복숭아뼈를 노리는 거랍니다. 정말 똑똑하죠?

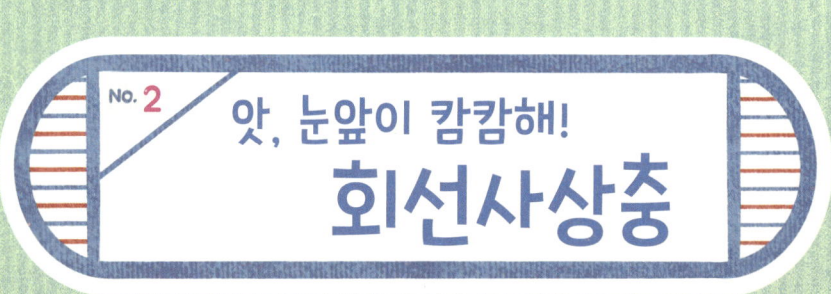

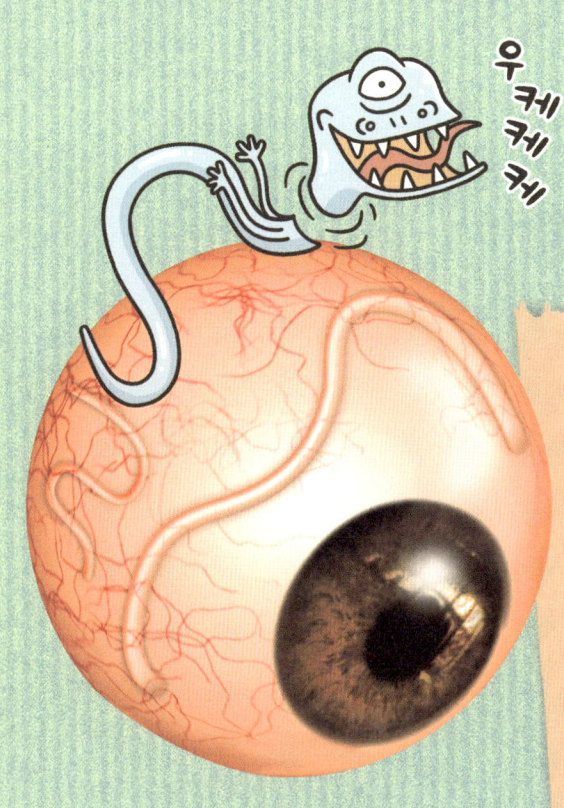

사람 몸에 들어왔으면 조용히 밥만 먹고 가면 좋을 텐데, 사람의 시력을 앗아 가는 아주 몹쓸 기생충이 있어요. 주로 강가에서 감염되므로 '강가의 실명'이라는 별명을 얻은 회선사상충. 이 무시무시한 기생충을 전격 해부해 볼게요!

회선사상충

 이번에는 프리스타일 랩으로 자기소개를 해 볼까요?

 요~ 맨! 내 이름은 회, 회, 회, 회선사상충. 고향은 아프리카~. 그중에서도 사하라 사막 남쪽이지. 난 강가에 살아! 왜냐고? 내가 붙어 다니는 먹파리가 강가를 좋아하기 때문이야. 내가 오해받는 건 다~ 먹파리 때문이지! 예!

 먹파리 탓만 하기엔 당신이 하는 짓이 너무 나쁜데요? 왜 시력을 빼앗는 거죠?

 이봐. 나도 그 점은 미안하게 생각해. 하지만 그건 내가 아니라 우리 애들이 철이 없어서 그런 거라니까!

 그럼 아프리카에 그냥 있을 것이지, 왜 남미까지 가서 사람들을 괴롭히는 거예요?

 그것도 내 탓이 아니야. 난 피해자라고. 내가 무슨 말을 해도 안 믿겠지만, 내 이야기를 자세히 들어 보면 나를 이해할 수 있을 거야.

먹파리와 회선사상충

사람의 시력을 앗아 가면서 피해자라고 주장하다니, 좀 어이가 없죠? 회선사상충을 한번 파헤쳐 보도록 해요. 회선사상충 수컷은 몸길이가 5센티미터도 채 못 되지만, 암컷은 50센티미터 이상 자라요. 모양은 가늘고 길쭉하죠. 길고 가느다란(사상) 벌레가 주머니 안에 전선처럼 돌돌 말려 있어(회선) '회선사상충'이란 이름이 붙었죠.

회선사상충은 1915년 로블레스라는 학자가 과테말라에서 눈먼 환자들이 회선사상충에 감염됐다는 걸 밝히면서 세상에 처음 알려졌어요. 로블레스는 먹파리가 기생충의 감염 경로라는 것도 알아냈죠.

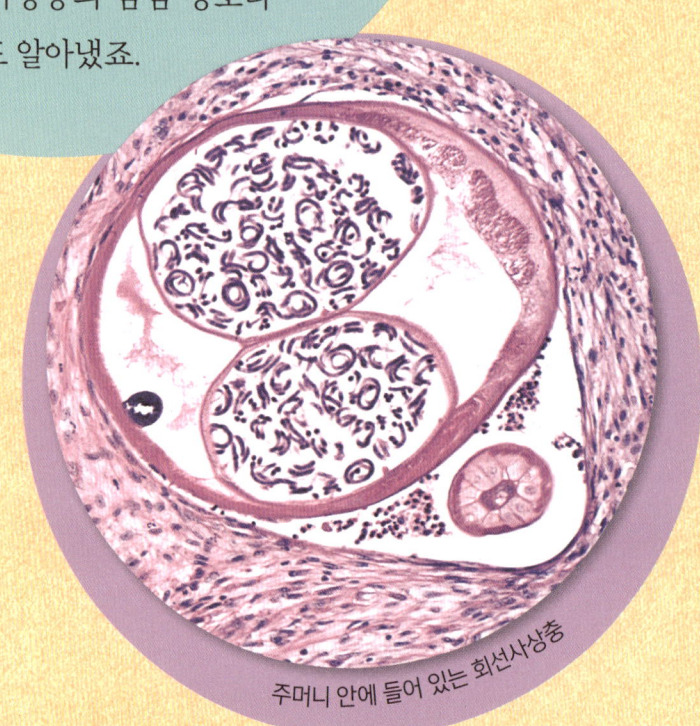

주머니 안에 들어 있는 회선사상충

여기서 잠깐! 먼저 먹파리라는 해충을 소개할게요. 먹파리는 사람의 피를 빨아먹고 회선사상충 같은 나쁜 기생충을 옮기기도 해요. 먹파리를 통해 우리 몸에 들어온 회선사상충의 애벌레는 피부에 단단한 주머니를 만들고 그 안에서 어른이 돼요. 다 자라기까지 대략 6~12개월이 걸리는데, 이때는 별다른 증상이 없어요. 우연히 주머니를 열어 봤다가 50센티미터가 넘는 벌레가 나와서 기절초풍할 순 있겠지만요.

이 작은 파리가 사람의 눈을 멀게 만드는 주범이라고?

회선사상충을 감염시키는 먹파리

우께끼끼

문제는 천방지축 새끼 사상충

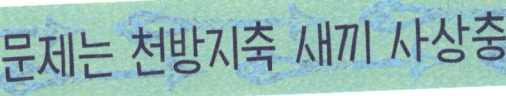

더 큰 문제는 회선사상충이 어른이 된 뒤에 생겨요. 다 자란 회선사상충은 새끼를 낳는데, 새끼 사상충들이 천방지축으로 우리 몸 여기저기를 쏘다니거든요. 새끼 사상충의 아지트는 바로 '눈'이에요. 눈에서 새끼 사상충들이 뛰놀면 염증이 생기면서 각막이 흐려져요.

한두 마리가 이러면 모를까. 그 숫자가 엄청나게 많아지면 각막 전체가 흐려지면서 아무것도 보이지 않게 되지요. 무서운 사실 하나 더! 새끼 사상충은 사람의 망막과 비슷한 단백질을 가지고 있어요. 이게 뭐가 문제냐고요? 새끼 사상충을 공격해야 할 항체가 망막을 공격하는 어처구니없는 일이 생기기도 하거든요.

이런 문제들이 복합적으로 작용해서 눈이 멀게 되는데, 아프리카에는 이렇게 시력을 잃은 사람이 많아서 어린아이가 앞을 못 보는 어른을 인도하며 길을 걷는 광경을 흔히 볼 수 있어요. 참고로 지구 상에서 실명을 일으키는 병원체 중 1등은 '트라코마'라는 세균 비슷한

녀석이고, 2등이 바로 회선사상충이에요. 먹파리가 살지 않는 우리나라에는 다행히 회선사상충이 없답니다. 천만 다행이죠?

'강가의 실명'은 1920년대 수단에 살던 의사의 부인이 처음 쓴 표현이에요. 회선사상충에 걸려 실명한 사람들이 '저르 강' 근처에서 나룻배를 젓는 사람들이라는 것에서 착안해서 지었다고 해요.

저와 저희 선조들이 저지른 죄에 대한 대가라고 생각합니다.

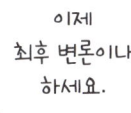

이제 최후 변론이나 하세요.

사람을 심하게 괴롭히면 안 되는데 돌이켜 보면 지금까지 너무 많은 잘못을 저질렀습니다.

됐고요. 머크 제약 회사에서 구충제인 이버멕틴을 무료로 공급하고 있으니 무죄 판결을 받아도 곧 지구 상에서 사라질 겁니다.

원래 기생충은 사람과 공존해야 합니다.

다음번에는 좋은 기생충으로 태어나 사람들에게 도움을 주고 싶습니다!

어이쿠 이런! 말이 안 통하는구먼.

회선사상충은 왜 남미로 갔을까?

회선사상충 환자의 99퍼센트는 아프리카 사람이지만, 브라질, 콜롬비아, 과테말라 등 남미에 사는 사람들도 회선사상충에 감염되곤 해요. 로블레스 박사가 회선사상충의 생활사를 알아낸 것도 과테말라였지요.

회선사상충은 왜 고향인 아프리카를 떠나 먼 남미까지 갔을까요? 바로 16세기에 일어난 노예 무역 때문이에요. 16세기 남미의 커피 농장들은 일손이 부족해서 골머리를 앓고 있었어요. 그래서 아프리카에서 사람들을 노예로 데려와 일을 시켰죠. 이 노예들 중에 회선사상충에 걸린 사람들이 있었고, 남미에는 회선사상충을 옮기는 먹파리가 살고 있었어요.

먹파리가 노예의 피를 빨 때 회선사상충의 새끼가 먹파리한테 옮겨 가고, 먹파리 안에서 자란 회선사상충은 먹파리가 피를 빨 때 다른 사람에게 옮겨 갔어요. 이렇게 남미에 회선사상충이 퍼졌죠. 미국도 아프리카에서 노예들을 많이 데려왔지만, 미국에는 먹파리가 없어서 회선사상충이 전해지지 않았답니다.

회선사상충 물리치는 이버멕틴

과거에는 피부에 숨어 있는 회선사상충 주머니를 수술로 떼어 냈어요. 하지만 이 주머니를 찾기 어려워서 약물 치료가 훨씬 효과적이랍니다. 초기에 만들어진 치료제는 부작용이 많아서 오히려 실명을 앞당기기도 했죠. 그러던 차에 만들어진 약이 이버멕틴이에요.

이버멕틴은 부작용이 적고 효과가 좋아서 회선사상충의 치료제로 각광을 받았는데, 1987년부터는 머크 제약 회사에서 이버멕틴을 무료로 나눠 주면서 환자 수가 급격히 줄어들었어요. 최근 조사 결과에 따르면 회선사상충에 걸린 사람은 1800만 명 정도라고 해요. 하지만, 앞으로 10년 뒤에는 회선사상충 때문에 실명하는 사람은 없을 거라고 하네요. 이쯤에서 한마디 해야겠죠? 땡큐, 머크 제약 회사!

회선사상충, 이렇게 예방하자!

회선사상충을 없애려면 회선사상충을 전파하는 먹파리를 박멸하면 돼요. 하지만 파리를 박멸하는 게 쉽지 않은 것처럼, 먹파리도 박멸하기가 매우 어려워요. 그러니 혹시 아프리카에 갈 일이 생기면 강가에 갈 땐 파리에 물리지 않도록 두꺼운 천으로 몸을 감싸고 가도록 해요. 먹파리에게 한두 번 물리는 정도로는 실명되지 않고, 여행객이 회선사상충으로 실명한 적은 아직 없다고 하니 아프리카 파리에 물렸다고 너무 겁먹지는 말고요!

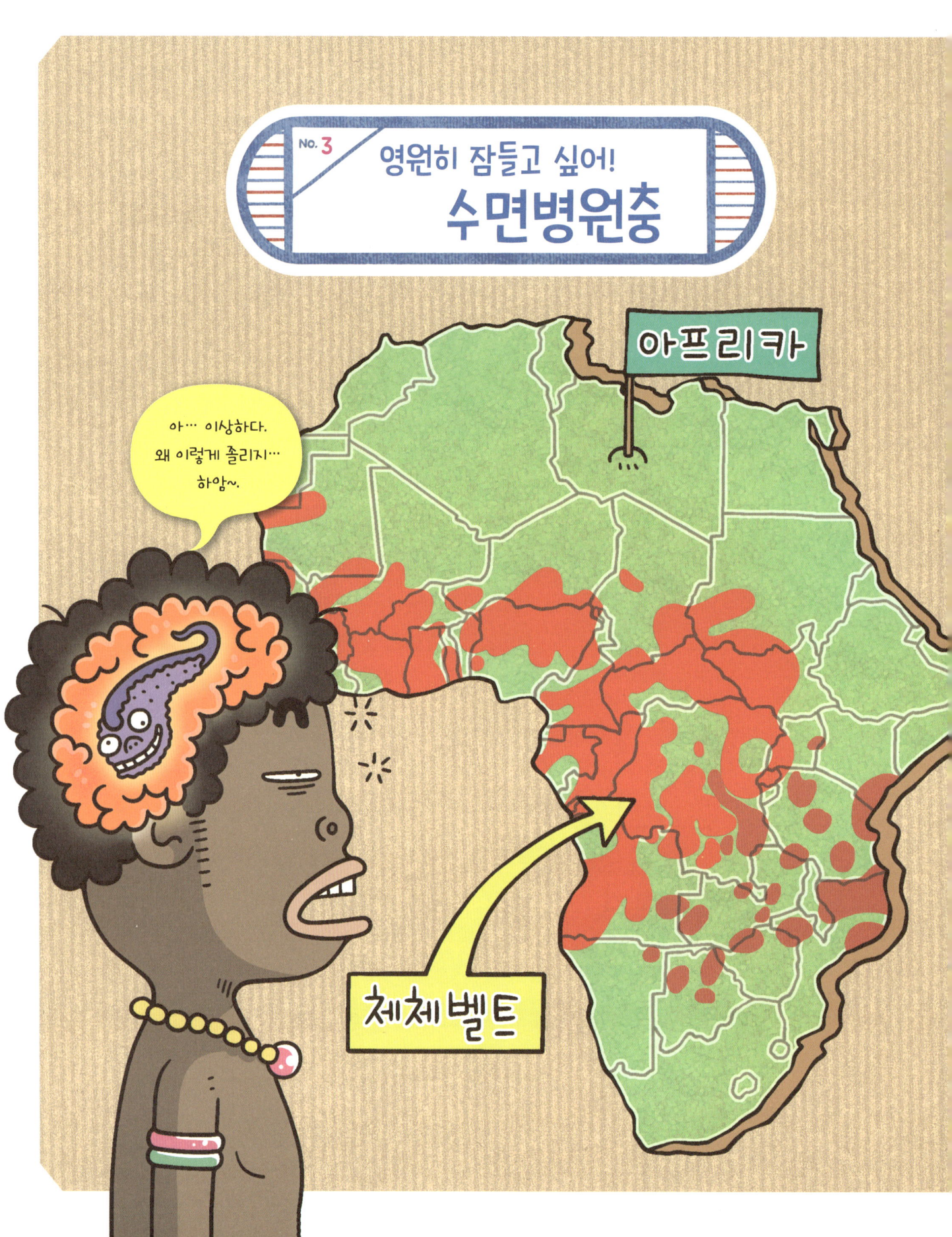

마치 잠든 것처럼 보이는 수면병.
하지만 잠든 것이 아니라 목숨까지 앗아 가는
무서운 병이에요.
무서운 수면병의 원인인
수면병원충에 대해 알아봐요.

수면병원충

체체벨트는
수면병원충을 옮기는
체체파리가 나타나는
지역입니다.

 안녕? 나는 수면병원충이라고 해! 하암, 졸려…. 원래 이름은… 감비아파동편모충이야…. 고향은 아프리카 사하라 사막 남쪽….

 자기소개를 하면서 졸면 어떡해요! 수면병원충이면 잠을 자게 만드나 보네요? 불면증에 도움이 될 수도 있겠군요.

 자는 게 아니라… 의식을 잃어버리는 거야…. 내가 좀 사악한 기생충이라 사람 뇌를 침범해 염증을 일으켜서 급기야 의식 불명 상태로 만들어…. 아, 졸려서 못 하겠다. 자러 갈래.

 아니, 이 기생충이! 인터뷰 다 하고 자요. 그래서 여태껏 얼마나 못된 짓을 하고 다녔죠?

 귀찮게 하네, 거참…. 나 때문에 죽은 사람들이 2008년 한 해에만 4만 명이 넘었지…. 이제 자러 가도 되지?

 4만 명이나 죽이다니! 순 나쁜 기생충이군요. 당신 같은 기생충은 지구 상에서 사라지는 게 더 낫겠어요.

 마음대로 해~. 난 이만 자러 가야겠어…. 하암….

사람의 뇌를 파고드는 수면병원충

사람들을 아프게 하고 자러 간다는 무책임한 수면병원충, 좀 황당하죠? 수면병은 아프리카에 있는 '체체파리'를 통해 감염돼요. 이 녀석들은 나무 속에 숨어 있다가 사람이나 동물이 지나가면 바로 물어 버리죠.

수면병원충은 체체파리가 피를 빨 때 사람 몸 안에 들어가요. 사람 몸 안에 들어온 수면병원충은 혈액과 림프샘에서 숫자를 늘리는데 이때 몸에서 심한 열이 나기 시작하죠. 열과 함께 목 뒤 림프샘이 퉁퉁 붓는 것이 수면병의 특징적인 증상이랍니다.

수면병원충은 혈액 속에서 숫자를 불린 뒤 뇌로 들어가 염증과 두통을 일으켜요. 의식을 잃고 잠든 것처럼 보이는 수면병 증상이 이때 나타나죠.

사람의 뇌에는 원래 이물질로부터 뇌를 보호하는 뇌혈관 장벽이 있어서 웬만한 이물질은 절대로 뇌를 침범하지 못해요. 하지만 수면병원충은 뇌혈관 장벽을 쉽게 통과해 뇌에 손상을 일으키기 때문에 치료가 어렵답니다.

수면병원충을 감염시키는 체체파리

아프리카에만 있는 수면병

이렇게 무시무시한 수면병은 아프리카에서만 걸려요. 왜냐고요? 수면병을 전파하는 체체파리가 아프리카에만 살기 때문이죠. 그래서 수면병이 발생하는 아프리카 지역들을 연결해 '체체벨트'라고 불러요. 우리나라 파리들은 체체파리에 비하면 정말 온순하고 착한 거 아닌가요?

그런데 살다 보면 아프리카에 가야 할 때가 있어요. 여행을 갈 수도 있고요. 아프리카에서 지붕 없는 차를 타고 동물을 구경하다 체체파리에게 물리면 수면병에 걸리게 돼요. 현지인은 어느 정도 면역이 있어 잠복기도 길고 목 뒤 림프샘이 붓는 등 대비할 시간이 있지만, 여행객이 걸리면 수면병원충이 빠른 속도로 뇌를 침범해 순식간에 목숨을 잃을 수 있답니다.

수면병원충을 박멸할 수 있을까?

　수면병은 매년 수십만 명을 죽이는 무서운 병이에요. 세계 보건 기구를 비롯한 여러 단체들은 수면병을 뿌리 뽑기 위해 온갖 노력을 기울였지요. 수면병에 걸린 사람들에게 초기에 약을 주고, 체체파리를 보이는 대로 잡았답니다. 그 결과 1960년대 중반쯤에는 수면병이 사라지기 직전까지 갔어요.

　수면병이 잠잠해지자 사람들은 방심해서 체체파리가 날아다녀도 더 이상 잡지 않았죠. 게다가 아프리카 나라들끼리 허구한 날 전쟁을 벌이는 바람에 사태는 더욱 심각해졌어요. 체체파리는 원래 숲에 숨어 있다가 지나가는 동물을 노리는데, 전쟁으로 숲이 파괴되자 민가로 우르르 몰려나와 마구잡이로 사람들을 물기 시작했거든요. 결국 수면병 환자의 수는 박멸 운동을 펴기 전으로 되돌아가 버렸답니다.

　깜짝 놀란 세계 보건 기구와 여러 단체들은 깊이 반성하고 다시 박멸 운동을 시작했고, 아프리카 나라들 역시 계속 전쟁을 하다가는 모두 수면병 때문에 죽을 수도 있다는 걸 깨달았어요. 다시 힘을 합쳐 노력한 덕분에 2009년에는 수면병 환자가 1만 명 이하로 떨어졌어요. 1960년대 이후 처음이었지요.

　1만 명이면 아직도 많은 숫자지만, 그래도 계속 노력한다면 수면병은 머지않아 지구 상에서 없어질 거예요.

혈액 속에 숨어 있는 수면병원충

얼룩말 줄무늬는 체체파리 때문에 생겼다?

얼룩말한테 줄무늬가 있는 건 체체파리 때문이라는 재밌는 학설이 있어요. 무슨 소리냐고요? 얼룩말의 줄무늬는 천적에게서 자신을 보호하는 것이 가장 주된 기능이죠. 그런데 말을 좋아하는 체체파리가 이상하게 얼룩말은 잘 물지 않아요. 신기하죠?

학설은 뒷받침하는 근거를 들어야 인정받을 수 있어요. 그래서 가보르 호르바트라는 학자가 표면을 끈끈이로 만든 가짜 말 모형으로 실험을 했어요. 흰말, 검정말, 갈색 말, 얼룩말까지 모형 네 종류를 준비했고 미리 잡아 온 말파리를 풀었지요. 일정 시간이 지난 뒤 말 모형에 붙은 파리 숫자를 각각 세어 보았더니 결과는 놀라웠어요.

파리가 검정말에는 562마리, 갈색 말에는 334마리, 흰말에는 22마리 붙은 반면, 얼룩말에는 겨우 여덟 마리만 붙어 있었어요. 비록 체체파리를 가지고 한 실험은 아니었지만, 줄무늬가 파리에게서 얼룩

말파리가 싫어하는 무늬를 알아보는 말 모형 실험

말을 지켜 준다는 게 증명된 거죠. 이 실험에서 알 수 있는 또 한 가지 사실은 파리가 흰색도 그리 좋아하지 않는다는 거예요.

그러니 아프리카에 갈 때는 세로 줄무늬가 있는 옷을 입는 게 좋아요. 수면병은 아직 치료제가 개발되지 않았으니, 무엇보다 예방이 중요하겠죠? 아프리카에 갈 때는 꼭 줄무늬 옷이나 흰옷을 입기로 해요. 약속!

미니 기생충 박스

수면병 예방은 이렇게 하자!

❶ 체체파리는 어두운 색을 좋아해요. 특히 파란색과 검은색을 좋아하니 그 색깔 옷을 피하고, 흰옷이나 줄무늬 옷을 입어요.

❷ 체체파리는 차가 움직이면 달려들어요. 아프리카 사파리 투어를 간다면 반드시 지붕이 있는 차를 타도록 해요.

❸ 체체파리는 벌레 퇴치제 같은 걸 발라도 별 효과가 없으니, 벌레 퇴치제를 발랐다고 안심하지 말고 두껍게 짠 옷을 입어요.

❹ 체체파리에게 물렸다면 당황하지 말고 가까운 병원으로 가서 수면병원충이 몸에 들어왔는지 검사를 받도록 해요. 모든 체체파리가 수면병원충을 가지고 있는 것은 아니니 너무 겁내지 말아요.

차원이 다른 똑똑한 기생충이 나타났어요!
숙주 몸에 숨는 것은 물론, 숙주의 뇌를 조종하는 숙주 조종 기생충.
숙주인 개미의 색깔까지 바꾸는 개미선충을 만나 봐요.

개미선충

개미를 조종하네? 어떤 기생충인지 알아봐야겠어!

 아, 재밌어~. 우헤헤~.

 무슨 좋은 일 있어요? 왜 이렇게 즐거워해요?

 쉿! 지금 개미를 조종 중이야~. 히히~.

 네? 개미를…? 당신은 무슨 기생충이죠?

 나는 개미선충이라고 해. 남아프리카 열대 우림에서만 살지. 내 특기는 개미를 조종하는 것이고, 필살기는 개미 배를 빨갛게 만드는 거야.

 아니, 세상에…. 개미를 괴롭히는 못된 기생충이군요!

 다 먹고살자고 하는 거야. 종족 번식은 본능이잖아? 쳇!

숙주 조종 기생충의 교통수단, 중간 숙주

보통 기생충들은 숙주의 몸에서 영양분만 빼앗아 먹으면서 살죠. 하지만 숙주 조종 기생충은 서로 다른 숙주 사이를 이동해야 하기 때문에 숙주의 몸속에 들어가서 뇌까지 조종한답니다.

숙주 조종 기생충에게 필요한 숙주는 중간 숙주와 최종 숙주예요. 중간 숙주는 기생충이 애벌레일 때 자라면서 지내는 곳이고, 최종 숙주는 다 자란 뒤에 사는 곳을 말하지요.

중간 숙주에 있는 애벌레들은 빨리 어른이 되어 짝짓기를 하고 싶어해요. 그러려면 빨리 최종 숙주에게로 가야 하죠. 하지만 숙주 조종 기생충은 숙주 사이를 직접 이동하지 못해요. 그래서 중간 숙주를 조종해서 최종 숙주에게 잡아먹히도록 만든답니다.

개미 속에 살고 있는 개미선충의 모습

개미 배가 빨갛다? 개미선충의 비밀

개미선충은 '밀림개미'에게만 기생하고, 개미선충의 알은 어린 밀림개미 안에서만 부화해요. 부화한 개미선충의 애벌레는 밀림개미의 몸 안에서 영양분을 섭취하며 자라죠. 그런데 다 자란 개미선충이 짝짓기를 하고 알을 낳으면 문제가 생겨요.

개미선충의 알은 어린 밀림개미 안에서만 부화한다고 했죠? 그러니 개미선충은 어떻게든 어린 밀림개미에게 알을 먹여야 해요. 하지만 스스로 밀림개미 몸 밖으로 나가 어린 밀림개미에게 알을 먹일 방법이 없어요. 그래서 아주 특별한 작전을 쓰죠. 바로 어린 밀림개미가 좋아하는 먹이인 새의 대변 속에 알을 넣는 거예요.

먼저 개미선충은 밀림개미의 배를 빨간색으로 변하게 해요. 그리고 밀림개미의 뇌를 조종해서 나뭇가지에 올라가게 하죠. 그런 다음 빨갛게 변한 엉덩이를 들어 올리고는 꼼짝 못하게 만들어요. 왜냐고요? 개미를 먹지 않는 새를 속이기 위해 새가 좋아하는 딸기처럼 보이게 하는 거랍니다.

정말 대단하지 않아요? 보통 기생충은 숙주 몸에 얌전히 숨어 영양분을 뺏는 정도로 만족하는데, 개미선충은 숙주를 조종해서 변신시키고 얌전하게 죽음을 기다리게 하죠. 결국 새는 밀림개미를 딸기로 착각해 먹고, 개미선충의 알은 새의 배 속으로 들어갔다가 새의

배가 빨갛게 변한 밀림개미의 모습

미니 기생충 박스
개미선충이 살아가는 법

새는 배가 빨갛게 변한 밀림개미를 딸기로 착각해 잡아먹어요. 이후 새가 대변을 보면 어린 밀림개미가 새의 대변을 먹고, 그 속에 있던 개미선충의 알이 어린 밀림개미에게 옮겨 가죠.

대변에 섞여 나와요. 어린 밀림개미가 개미선충의 알이 있는 새의 대변을 먹으면 다시 밀림개미의 몸에서 부화하여 개미선충의 한살이가 시작된답니다.

숙주를 기형으로 만드는 숙주 조종 기생충

숙주 조종 기생충은 번식을 위해 숙주를 기형으로 만들거나 생식을 못하게 하는 특징을 가지고 있어요. 어떤 방법을 쓰든 번식만 하면 되기 때문에 숙주가 기형이 되거나 죽는 건 신경 쓰지 않죠.

숙주 조종 기생충이 숙주를 어떻게 조종하는지는 아직 밝혀지지 않았지만, 곤충의 신경 전달 물질과 비슷한 단백질을 만들어 뇌로 분비한다는 학설이 유력해요. 참 무서운 기생충이죠? 그러니 작고 안 보인다고 무시하면 안 돼요!

곤충 몸 밖으로 나오는 연가시. 영화 <연가시>를 보고, 연가시에 감염될까 봐 걱정하는 사람이 많아요. 하지만 연가시는 사람에게는 기생하지 않는답니다.

미니 기생충 박스
또 다른 숙주 조종 기생충

창형흡충

중간 숙주로는 개미, 최종 숙주로는 양을 이용해요. 양의 대변을 달팽이가 먹고 달팽이 안에서 알이 부화해요. 부화한 애벌레가 담긴 달팽이 점액을 개미가 먹죠. 창형흡충은 최종 숙주인 양에게 가기 위해 중간 숙주인 개미를 조종해 풀 끝에 매달려 있게 만들어요.

창협흡충의 모습

류코클로리디움 파라독섬

중간 숙주로는 달팽이, 최종 숙주로는 새를 이용해요. 류코클로리디움 파라독섬은 달팽이의 촉수로 이동해 촉수를 애벌레처럼 변화시키죠. 촉수에 기생충이 들어간 달팽이는 방향 감각을 잃어버린 채로 나무 위에 있다가 새에게 잡아먹혀요. 달팽이는 죽지만 애벌레는 달팽이 촉수에서 빠져나와 새의 몸에서 번식해요.

촉수가 애벌레처럼 변한 달팽이

리베이로이아흡충

중간 숙주로는 개구리, 최종 숙주로는 새를 이용해요. 리베이로이아흡충은 올챙이에게 달라붙어 개구리 다리를 기형으로 만들어 움직임을 둔하게 하죠. 개구리 뒷다리를 한 개 혹은 세 개로 만들거나 다리를 뚱뚱하게 만들어 최종 숙주인 새에게 잡아먹히기 쉽게 해요.

리베이로이아흡충에 감염된 개구리

이런 녀석들도 있었다니!

발견된 지 100년이 넘었지만 치료제가 없는 샤가스 병은 빈대의 대변 속에 있는 크루즈파동편모충에 의해 감염돼요. 감염되면 심장 이상으로 숙주를 죽게 하는 무서운 크루즈파동편모충에 대해 알아봐요.

수면병원충과 달라~!

크루즈파동편모충

 응? 이 기생충은 어디서 많이 본 거 같은데?

 날 본 적이 있다고?

 수면병원충이랑 생김새가 비슷한데 다른 기생충인가요?

 그 녀석이랑 조금 닮긴 했지만 자세히 보면 내가 더 잘생겼어. 내 이름은 크루즈파동편모충이야. 주로 활동하는 곳은 남미인데 그쪽 사람들은 다 날 무서워 해.

 왜 무서워하는 거죠?

 나에게 감염되면 샤가스 병에 걸리거든. 나를 발견한 샤가스라는 의사의 업적을 기리기 위해 붙인 병명이지. 브라질 수면병이라고도 불려. 난 발견된 지 100년이 넘었지만 아직 치료제가 없는 상태지. 하하!

 저라도 지금 당장 치료제 연구를 시작해야겠네요!

샤가스 병의 발견

샤가스 병은 크루즈파동편모충에 감염되어 걸리는 기생충 질환으로, 카를루스 샤가스라는 브라질 의사에 의해 세상에 알려졌어요. 1909년, 브라질에서는 아마존 강부터 리우데자네이루까지 가는 기다란 철도를 건설하고 있었죠. 그런데 이 공사가 당시 브라질에 유행하던 말라리아 등 각종 전염병 때문에 중단될 위기에 처했어요. 그래서 유능한 의사였던 샤가스가 철도 공사 현장 노동자들의 건강을 위해 투입됐지요.

마을을 돌아다니던 샤가스는 침노린재라 불리는 빈대가 마을 사람들의 피를 빠는 광경을 목격했어요. 샤가스는 말라리아가 모기에 의해 전파되는 것처럼 빈대가 병을 옮겨 사람들을 죽게 만들지 않을까 의심하고, 빈대를 잡아서 연구하기 시작했어요.

공사 중 죽은 노동자들 중에는 심장이 뛰지 않거나 심장의 일부가 부풀어 오른 경우가 많았어요. 빈대를 해부한 샤가스는 빈대 몸 안에서 수면병을 일으키는 수면병원충과 매우 비슷한 기생충을 발견했어요.

샤가스는 마을 사람들의 심장을 공격하는 기생충을 찾아냈다고 생각하고 마을을 더 돌아보기로 했어요.

침노린재의 모습

카를루스 샤가스 박사

그러던 중 심장 이상은 아니지만 열이 나고 간이 커져 있는 여자아이에게서 마침내 이 기생충을 발견했지요. 그 뒤 샤가스는 병의 원인인 기생충과 환자에게 나타나는 증상은 물론, 병을 옮기는 것이 빈대라는 것과 병이 유행하는 곳까지 혼자 힘으로 밝혀냈죠. 의학 역사 상, 한 가지 병에 대해 혼자서 이렇게까지 모두 밝혀낸 것은 샤가스 병이 유일하답니다.

빈대의 변을 통해 감염되는 샤가스 병

　샤가스 병은 앞서 말한 것처럼 침노린재라는 빈대에 의해 전파돼요. 샤가스 병이 특히 지저분한 이유는 크루즈파동편모충이 대변을 통해 전파되기 때문이에요. 말라리아를 전파하는 모기나 수면병을 전파하는 체체파리는 입으로 피를 빨 때 사람에게 기생충을 옮기는데, 대변이라니 좀 그렇죠?

　빈대는 사람의 피를 빨 때 대변을 보는 나쁜 습관이 있는데, 그 대변으로 크루즈파동편모충이 나와서 사람의 피부로 들어가요. 빈대에 물린 자리에서 크루즈파동편모충이 번식하면 피부가 붉고 단단하게 변해요. 이걸 샤가스종이라고 불러요. 샤가스종은 며칠 안에 사라지기도 하고 몇 달간 유지되기도 해요.

　그 밖에 춥고 열이 나고 근육통이 있는데, 주목해야 할 점은 이것들이 감기 몸살 증세로 오해받는다는 거예요. 감기 몸살이 그런 것처럼

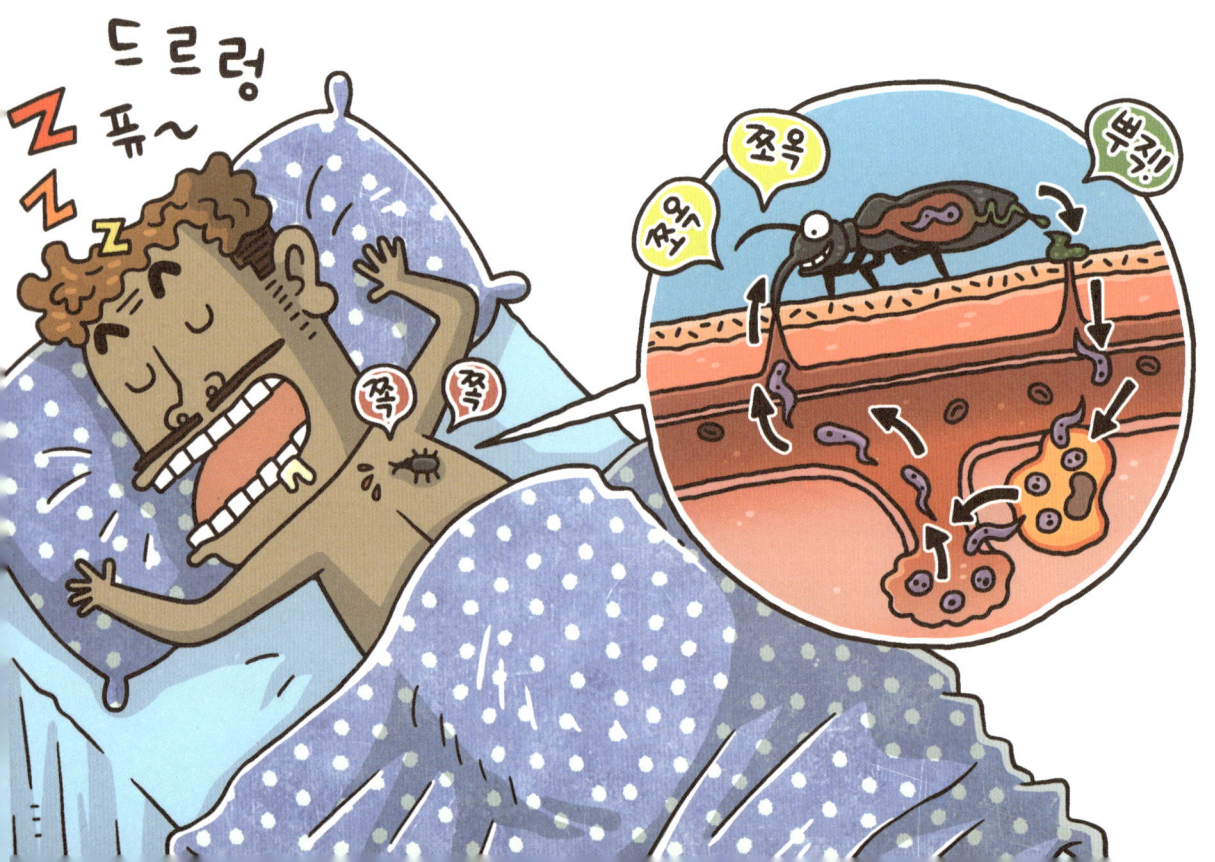

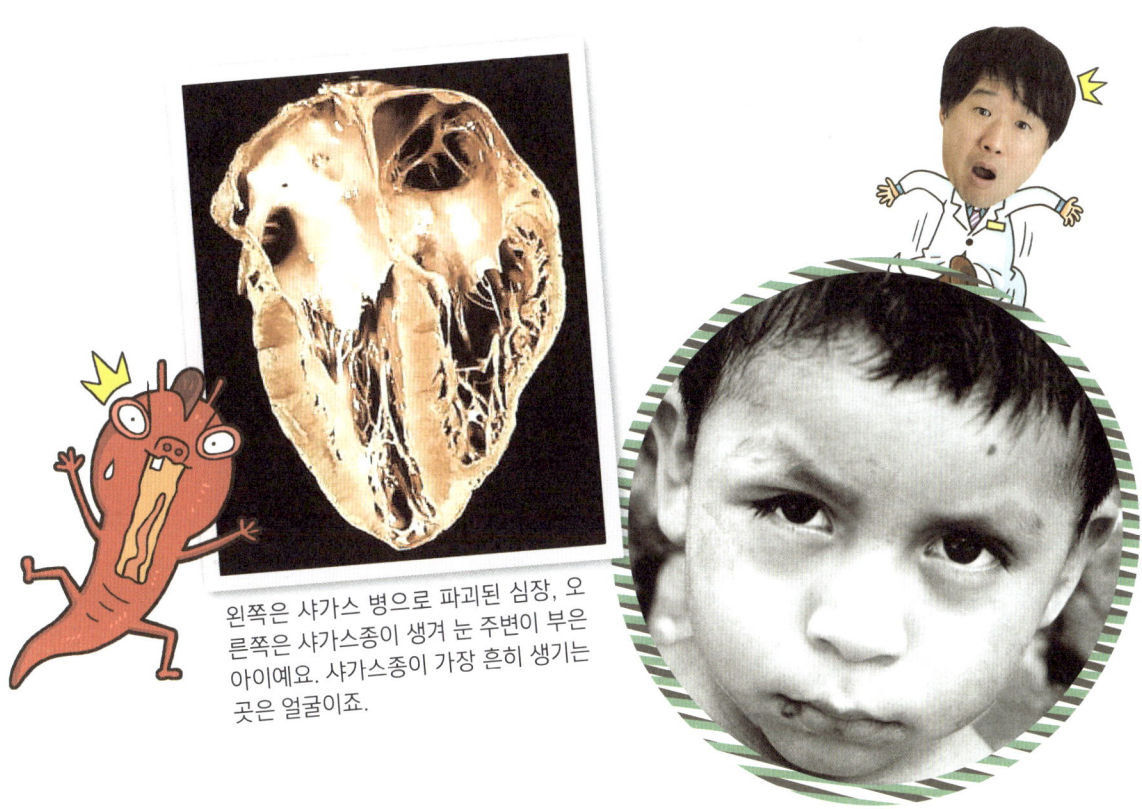

왼쪽은 샤가스 병으로 파괴된 심장, 오른쪽은 샤가스종이 생겨 눈 주변이 부은 아이예요. 샤가스종이 가장 흔히 생기는 곳은 얼굴이죠.

이런 증상들도 오래지 않아 사라지죠. 그래서 보통 무시하고 넘어가요. 그럼 병은 수 년 또는 십수 년에 달하는 만성 감염기로 들어가죠.

물론 모든 환자가 만성이 되는 건 아니에요. 5분의 1가량이 만성이 되는데, 샤가스 병이 무서운 건 만성 감염기에 주로 심장을 침범한다는 거예요. 그렇게 되면 갑자기 심장이 뛰지 않거나 심장 근육이 망가져 심부전이 일어날 수 있어요.

어릴 적 빈대에 물린 뒤 별 탈 없이 살다가 몇 년 또는 십수 년 뒤 갑자기 죽는 병이 샤가스 병이에요. 그래서 더 무섭죠. 또 샤가스 병의 만성 감염기 때 심장이나 큰창자가 이상하게 커지는 일이 많은데, 심장이나 창자의 이상은 약을 써도 원래대로 돌아오지 않아요.

치료제가 없는 샤가스 병

샤가스는 샤가스 병을 혼자 밝혀낸 공로로 두 차례 노벨 의학상 후보에 올랐지만 수상에 실패했어요. 왜냐하면 샤가스 병이 멕시코, 브라질을 비롯한 남미에서만 유행해서 별로 심각하게 받아들여지지 않았거든요. 샤가스가 혼자 샤가스 병의 모든 것을 알아낸 지 벌써 100년이 넘었어요. 그런데도 새롭게 밝혀진 게 없는 것은 이러한 이유일지도 몰라요.

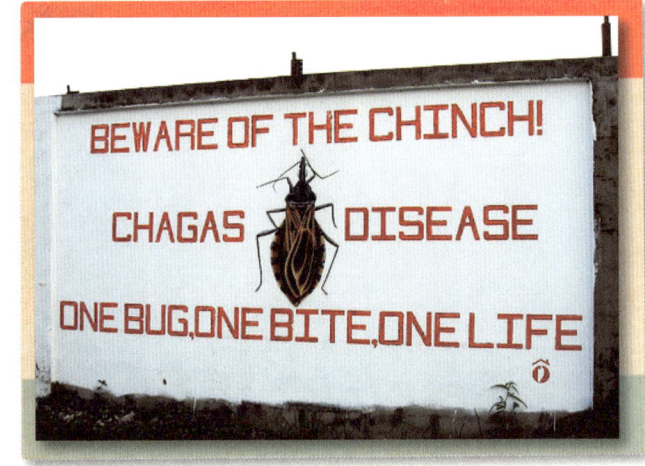

샤가스 병 경고문. 한 마리가 한 번 물면 한 생명을 앗아 가니, 빈대를 조심하라고 적혀 있어요.

샤가스 병 감염자는 현재 1100만 명 정도가 될 것으로 추정돼요. 그런데 샤가스 병의 특성 상 얼마나 더 많은 사람이 감염되어 있는지 알 수가 없어요. 급성 감염기 때는 혈액에서 크루즈파동편모충을 관찰해 진단할 수 있지만 만성 감염기가 되면 발견이 어려워 진단이 힘들어요. 그러니 급성 감염기 때 치료해야 하죠.

치료보다 더 좋은 방법은 예방을 하는 거예요. 예방법은 의외로 간단해요. 빈대만 박멸하면 되거든요. 하지만 빈대를 박멸하려면 초가집이나 흙집 같은 낡은 집들을 다 없애야 하는데 그러려면 상당한 돈이 들어요. 우리나라도 잘살지 못하다가 경제 발전을 이루어 초가지붕을 없앴고 벼룩과 이, 빈대 등도 그때 많이 없어졌어요. 남미에 있는 나라들은 낡은 집을 없애지 못해 지금도 해마다 10만 명가량이 심장 이상으로 사망하고 있다니 정말 안타까워요.

와포자충은 아주 작은 기생충으로 가끔 수돗물이나 수영장 물 등을 통해 많은 사람들에게 전염돼요. 와포자충은 과연 어떤 사건을 일으켰을까요? 정말 수돗물을 먹으면 안 되는 걸까요?

와포자충

 이번엔 작고 귀여운 기생충, 와포자충을 만나 봅시다.

 어딜 보는 거야?

 너무 작아서 포착하기도 쉽지 않군요. 하긴 5마이크로미터밖에 안 되니까요.

 지금 작다고 무시하는 거야?

 앗, 진정해요!

 작은 고추가 매운 거 몰라? 확~ 물 설사를 일으켜 버리겠어!

설사를 일으키는 작은 기생충

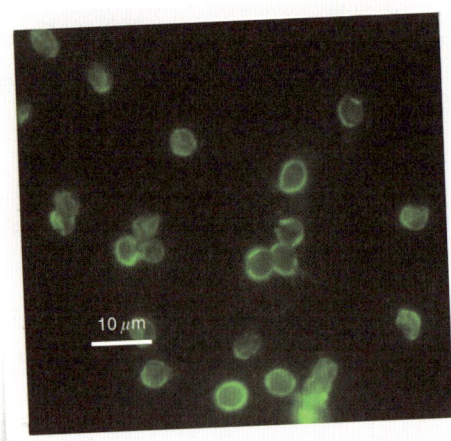

와포자충은 크기가 5마이크로미터 정도인 아주 작은 기생충이에요.

1976년, 미국의 테네시 주에서 세 살배기 아이가 병원에 왔어요. 물 설사가 멈추지 않아서 원인을 알아내기 위해 장 조직을 떼어 현미경으로 들여다보았어요. 놀랍게도 장 융모의 끝 부분에 동글동글한 기생충이 붙어 있었죠. 이 기생충이 바로 와포자충이었어요.

의사는 새로운 기생충을 발견하고 자기 이름을 붙이려고 했어요. 하지만 알고 보니 69년 전인 1907년, 미국의 의사였던 어니스트 타이저가 쥐의 장에서 이 기생충을 처음으로 발견해서 와포자충이라는 이름을 붙인 뒤였죠.

와포자충은 1980년대 들어 면역력이 약한 사람들이 많이 감염되면서 주목받기 시작했어요. 와포자충에 감염된 사람들은 물 설사에 시달렸고, 심한 경우 탈수로 목숨을 잃기까지 했답니다.

와포자충은 수도관을 타고

1993년, 면역력이 약한 사람에게나 영향을 준다고 여겨졌던 와포자충이 대형 사건을 터뜨렸어요. 미국 밀워키의 한 회사에 직원들의 전화가 빗발쳤죠. 설사 때문에 출근을 못 하겠다는 전화였어요. 그런 직원이 열한 명이나 되었답니다. 전화를 받은 직원은 밀워키 보건국에 연락해서 물었어요.

"저희 회사 사람들이 단체로 설사병에 걸렸는데, 혹시 요즘 전염병이라도 도는 건가요?"

"당신 회사 말고도 그런 전화가 여러 건 접수돼 있어요. 아무래도 집단 설사병이라도 생긴 모양입니다."

밀워키에서는 이런 증세에 시달리는 사람들이 무려 40만 명이나 나타났어요! 밀워키 보건국은 원인을 알아내기 위해 노력했고 결국 항산성 염색이라는 특별한 검사를 통해서야 사람들의 대변에서 와포자충의 알 비슷한 물체인 낭포체를 발견했지요.

다행히 면역력이 정상인 사람은 와포자충에 감염돼도 1~2주가량

한국은 안심, 하지만 조심!

어떻게 40만 명이나 되는 사람이 와포자충에 감염되었을까요? 원인은 바로 물이었어요. 소나 양, 고양이 등이 물을 먹고 와포자충에 걸려 설사를 하면 와포자충의 낭포체가 물로 들어가요. 그렇게 오염된 물이 정수 시설로 흘러들었고, 수돗물을 통해 다량의 와포자충 낭포체가 사람들의 입으로 들어간 거죠.

와포자충은 수돗물을 통해 전파되는 특성 탓에 생겼다 하면 환자 수가 어마어마해요. 밀워키에서 대규모 유행 사건이 벌어진 이후로도 2005년 뉴욕에서 3천 8백 명, 2007년 미국 유타에서 2천 명, 2010년 스웨덴에서 4천 명이나 되는 사람들이 와포자충 때문에 한바탕 물 설사를 해야 했답니다.

우리나라는 안전할까요? 정수 시설이 와포자충을 걸러 내서 우리나라 수돗물은 매우 안전한 편이에요. 하지만 다른 나라는 그렇지 않죠. 게다가 아직까지 와포자충을 치료하는 특효약은 없어요.

와포자충 치료는 환자가 탈수에 빠지지 않도록 수분을 공급하고 전해질 균형을 맞춰 주면서 환자의 면역이 작동해 와포자충을 격퇴해 주기를 기다리는 수밖에 없답니다. 그러니 다른 나라에 갈 일이 생긴다면 꼭 물을 끓여 먹거나 생수를 마시도록 해요.

우리나라 수돗물은 안심~.

그러나 전 세계에 있으니 조심!

호수에서 물놀이를 한 뒤 아메바에 감염돼 사망한 미국 어린이의 소식은 우리나라에도 충격을 주었어요. '뇌 먹는 아메바'로 알려진 이 아메바의 정체는 무엇일까요? 우리나라는 안전할까요?

나한테 걸리면 각오해야 될 거야!

으히헤히~

파울러아메바

- 크하하, 뇌를 다 부숴 버려야지!
- 그러면 사람이 죽어 버린다고!
- 사람이 없어도 우린 잘 살 수 있어! 다른 기생충들이랑은 다르다고. 후후, 나를 몸속에 들인 사람이 잘못이지. 흥!
- 정말 무서운 기생충이네요. 여러분, 조심하세요!

코를 통해 들어오는 뇌 먹는 아메바

2013년 미국, 열두 살인 케일리는 워터 파크에서 즐겁게 놀고 집으로 돌아왔어요. 그런데 며칠 뒤 열이 나고 머리가 아프고 목까지 뻣뻣해지는 뇌수막염 증상이 나타났지요. 병원에 간 케일리에게 내려진 진단은 '파울러아메바(파울러자유아메바)'에 감염되었다는 것이었어요! 파울러아메바에 감염되면 거의 대부분 죽음에 이르러요. 치사율이 무려 95퍼센트랍니다. 다행히 케일리는 빨리 치료를 받아 살 수 있었어요. 전 세계 감염자 190명 중 세 번째 생존자였지요.

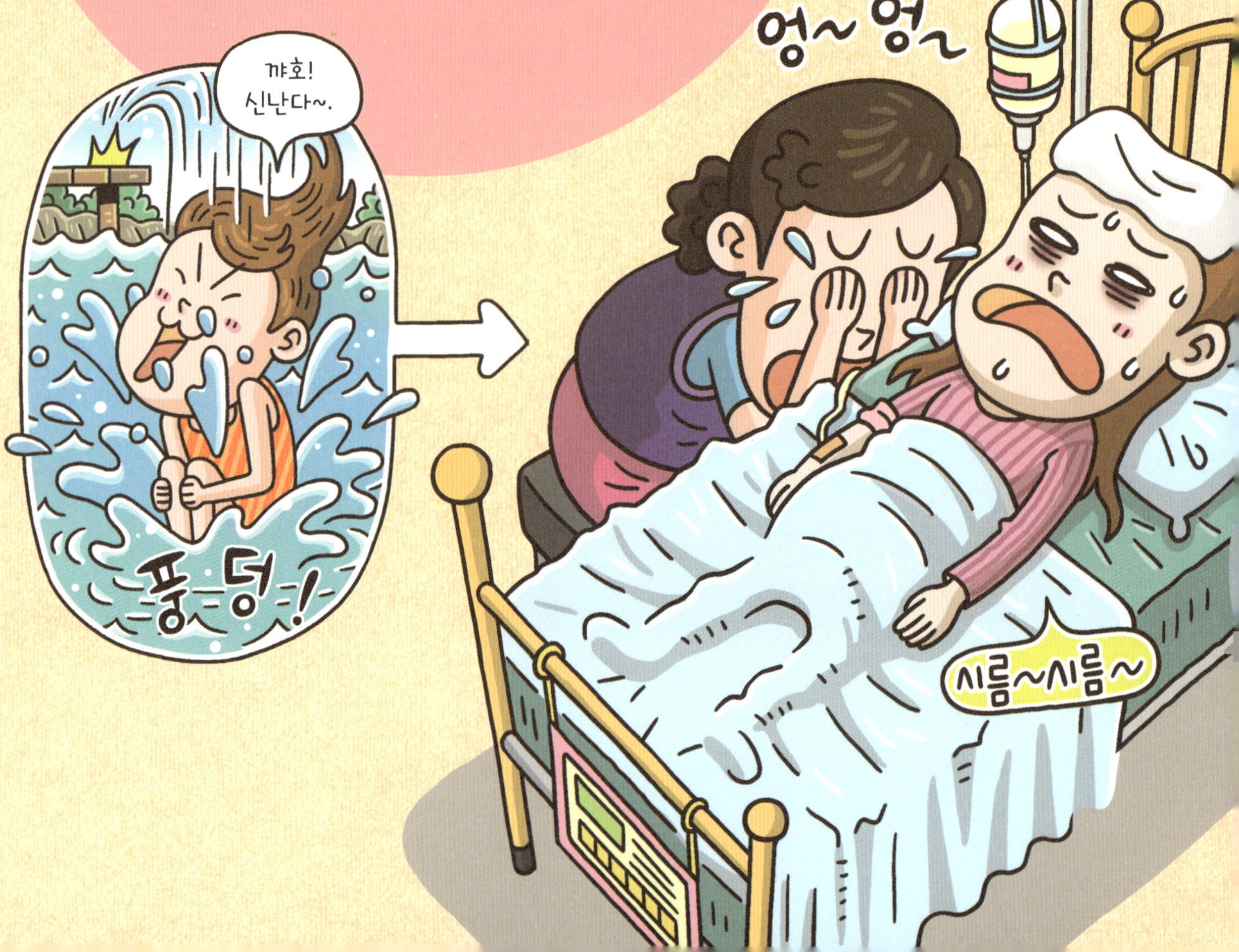

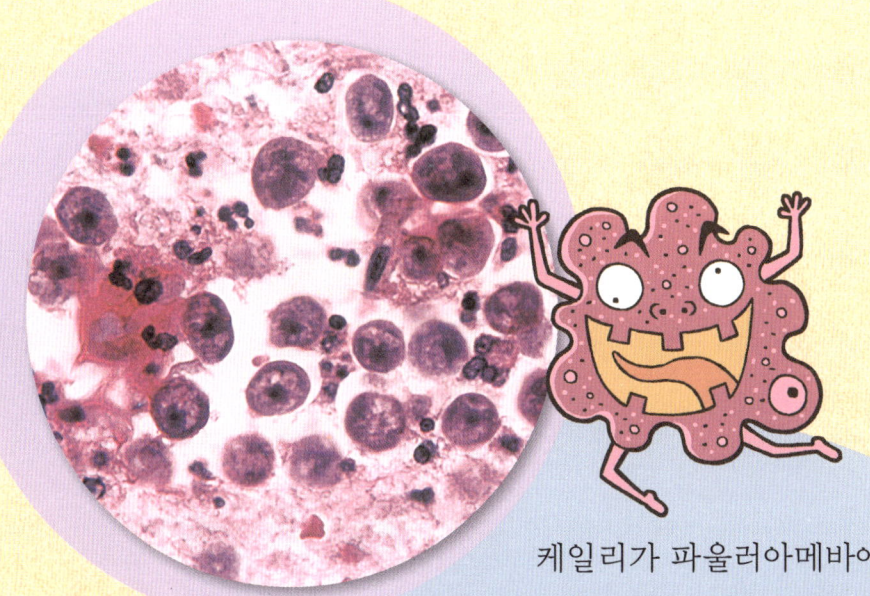

케일리가 파울러아메바에 감염된 것은 물놀이 때문이었어요. 물놀이를 하다 보면 물속으로 점프를 하거나, 워터 파크의 미끄럼틀을 타고 빠른 속도로 물에 들어가잖아요? 그때 물이 잔뜩 튀어 콧속으로 들어가요. 그 과정에서 물속에 있던 파울러아메바가 몸속으로 들어가는 거죠. 그래서 파울러아메바에 감염된 사람은 주로 과격한 물놀이를 즐기는 어린이와 젊은 사람이었답니다.

콧속으로 들어간 파울러아메바는 후각 신경을 통해 뇌로 들어가요. 뇌로 들어간 파울러아메바는 뇌와 뇌를 둘러싼 막을 공격하고, 백혈구들은 이를 막기 위해 필사적으로 노력해요. 그 과정에서 나타나는 것이 바로 염증이에요. 파울러아메바의 크기는 7~20마이크로미터 정도인데, 파울러아메바와 크기가 비슷한 백혈구들이 파울러아메바를 물리치는 건 쉬운 일이 아니에요. 파울러아메바에 감염된 사람은 증상이 나타난 지 약 일주일 만에 대부분 목숨을 잃고 말죠. 들어오면 무조건 뇌로 가고 뇌를 파괴하는 데다, 거의 대부분의 환자가 죽어요. 그래서 '뇌 먹는 아메바'라는 이름이 붙은 거랍니다.

사람 귀한 줄 모르는 무서운 기생충

파울러아메바는 사람이 없어도 혼자 잘 살아가는 '자유생활아메바'예요. 한살이를 완성하기 위해서 사람이 꼭 필요한 '기생아메바'가 호시탐탐 사람을 노리는 것과 달리 자유생활아메바는 굳이 사람 몸속으로 들어갈 필요가 없죠. 지난 50년간 전 세계에서 파울러아메바 감염자가 190명뿐인 것도 바로 그런 이유예요. 하지만 어쩌다 사람 몸속으로 들어오게 되면 사람을 지독하게 괴롭혀요. 감염자 190명 중 생존자가 겨우 세 명뿐이라니 정말 치명적이죠?

응? 뇌에 꼬물꼬물 이상한 게 있는걸?

저수지

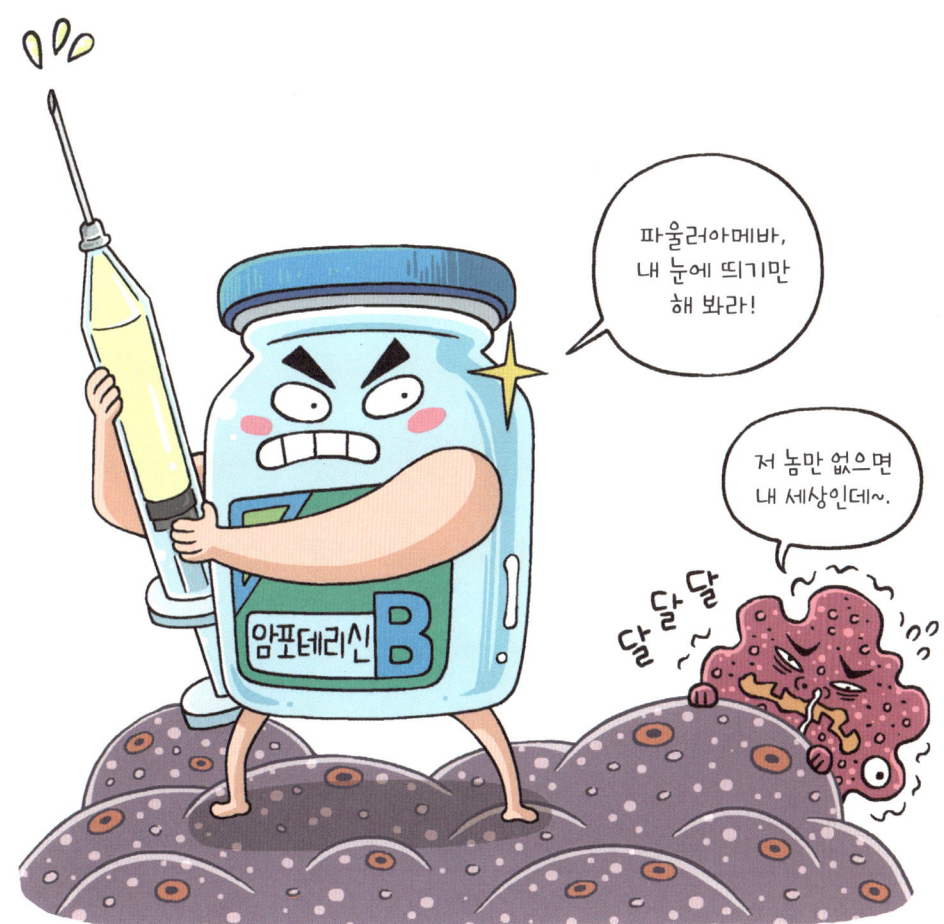

　파울러아메바가 처음 발견된 것은 1965년, 호주에서였어요. 아홉 살 아이를 시작으로 네 명이 뇌수막염으로 죽었는데, 부검해 보니 뇌 조직을 침범한 새로운 아메바가 있었어요. 의사는 새로 발견한 아메바에 자신의 이름을 붙였지요. 그 의사가 파울러였어요.

　그 뒤 일본과 태국, 체코, 이탈리아 등 거의 모든 나라에서 파울러아메바가 발견되었죠. 또, 저수지나 호수, 강가, 온천 이외에도 수영장과 젖은 토양 등에 파울러아메바가 산다는 게 알려졌어요.

　그러나 안타깝게도 파울러아메바에 대한 치료제는 없어요. 다만 곰팡이에 감염됐을 때 쓰는 항진균제인 '암포테리신 B'라는 약이 그런대로 효과가 있죠. 문제는 파울러아메바가 워낙 드문데다 병의 진행이 매우 빨라, 진단을 제대로 못 받아 죽는 경우가 많다는 점이에요. 뇌수막염은 보통 세균에 의해 일어나기 때문에 열이 나고 머리가 아프며 목이 뻣뻣해지는 증상이 있으면 세균을 의심하지, 1년에 환자가 열 명도 안 나오는 파울러아메바를 의심하지는 않거든요.

하지만 진단만 빨리 된다면 암포테리신 B를 조기에 투여해 감염자가 죽지 않을 수도 있어요. 파울러아메바에 감염되었던 케일리가 살아남은 것도 증상이 나타나자마자 병원에 갔고, 의사가 아주 빨리 올바른 진단과 치료를 했기 때문이었지요.

뇌 먹는 아메바를 피하는 방법

파울러아메바는 거의 모든 나라에서 발견되고 감염자는 주로 미국과 이탈리아, 호주 등에서 보고돼요. 우리나라에도 파울러아메바가 있을까요? 당연히 있죠! 습지나 저수지 등에 가 보면 파울러아메바를 어렵지 않게 찾을 수 있어요.

하지만 큰 저수지나 호수가 널린 미국과 달리 우리나라에는 다이빙을 할 수 있는 깊은 민물이 별로 없어 아직 감염된 사람은 없답니다. 정 걱정된다면 민물에서 놀 때 코마개를 하면 돼요. 코를 통해서 감염되기 때문에 코마개만 있다면 파울러아메바가 아무리 들어오려고 해도 못 들어올 테니까 말예요.

하지만 미국의 국립 공원이나 온천, 우리나라 사람들이 즐겨 찾는 태국의 온천 등에서도 파울러아메바가 나왔다고 하니 아주 안심할 수는 없어요. 이런 곳에 가면 높은 곳에서 물로 첨벙 뛰어드는 일은 하지 않는 게 좋겠죠? 그리고 수상 스키처럼 물이 잔뜩 튀는 수상 스포츠를 즐길 때도 콧속으로 물이 들어오지 않도록 코마개를 하면 좋아요. 또 대부분 섭씨 26도 이상의 물에서 감염되니, 더운 물에 들어갈 때는 조심하고요.

'뇌 먹는 아메바'라는 이름만 듣고 너무 겁먹지 말아요. 파울러아메바에 대해 잘 알고 대책을 마련한다면 물놀이도 안심하고 즐길 수 있으니까요.

림프사상충증은 림프샘에 침입한 사상충 때문에 팔다리가 통통 붓는 병이에요. 다른 기생충 질환과 달리 림프사상충증은 영구적인 장애를 일으키는 무서운 병이죠. 사상충은 어떻게 이런 끔찍한 일을 일으키는 것일까요?

 림프샘에 사는 사상충을 소개합니다!

 안녕! 난 사실 살아 있을 땐 별로 존재감이 없는데….

 하지만 죽고 나면 팔다리를 통통 붓게 하죠. 게다가 그건 영영 고칠 수가 없어요.

 나도 일부러 그런 건 절대 아니야. 정말 미안해!

 알아요, 알아. 하지만 정말 무서운 병을 일으키는 기생충이라는 사실, 모두 꼭 기억해야 해요!

죽어서 해를 끼치는 기생충

'림프사상충증'은 림프샘에 침입한 사상충 때문에 생기는 병이에요. 림프사상충증에 걸리면 다리 또는 팔이 퉁퉁 부어 엄청나게 커져요. 게다가 부은 팔, 다리는 회복되지 않아서 환자는 그대로 남은 생애를 살아야 해요. 사상충은 어떻게 이런 무서운 병을 일으키는 걸까요?

림프샘은 림프의 순환에서 매우 중요한 역할을 하는 곳이에요. 하지만 사상충이 림프샘에 들어와도 바로 병이 생기지는 않아요. 사상충이 살아 있을 때는 림프의 흐름이 조금 느려질 뿐이죠. 그런데 사상충이 죽고 나면 문제가 생겨요. 우리 몸의 면역계가 죽은 사상충에게서 떨어져 나온 몸 조각들을 기생충의 총공격으로 생각하고 공격을 시작하거든요.

그 결과 림프가 제대로 흐르지 못해 몸이 붓게 돼요. 사상충이 침범한 곳이 겨드랑이였다면 팔이, 넓적다리 위쪽이었다면 다리가 부어요. 이때는 부은 곳을 누르면 쑥 들어가죠.

사상충과 면역계의 전쟁이 끝나 가면 문제가 심각해져요. 우리 몸은 전쟁이 난 곳에 섬유질을 뿌려서 그곳을 다시는 상대편이 침범할 수

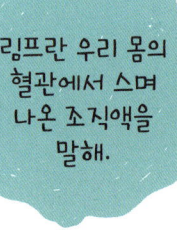

림프란 우리 몸의 혈관에서 스며 나온 조직액을 말해.

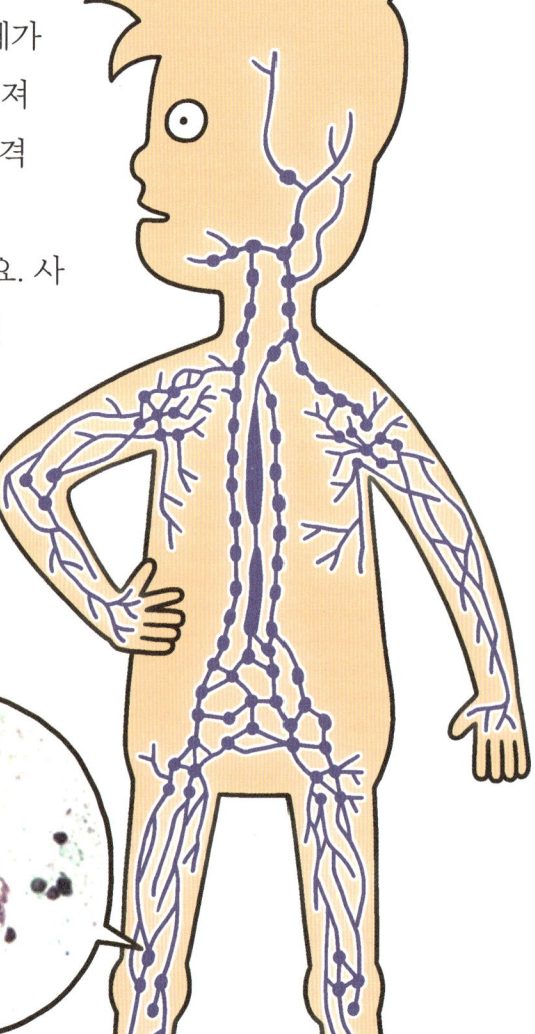

사상충은 수컷이 4센티미터, 암컷이 6~10센티미터가량 되는 실 모양의 기생충이에요.

없는 불모의 땅으로 바꿔요. 섬유질이 쌓이면 다리가 두꺼워지고 손으로 눌러도 들어가지 않죠. 의학의 힘으로도 치료할 수 없고요. 영구적인 장애가 생기는 거예요.

사상충이 살아 있을 때 치료하는 것이 가장 좋지만, 이때는 뚜렷한 증상이 없어 발견이 어려워요. 또 면역 반응과 함께 열이 나기 시작할 무렵에는 사상충이 죽은 뒤라 그다지 소용이 없답니다.

사람과 모기 사이를 오가며 자란다

사상충을 미리 발견하면 무서운 림프사상충증을 막을 수 있어요. 그래서 사상충이 어떻게 전파되는지에 큰 관심이 쏠렸지요. 전파 경로를 알아야 박멸 및 예방 대책을 세울 수 있으니까요.

과학자 패트릭 맨슨이 모기가 사상충 전파의 주범임을 최초로 밝혔지요. 이제는 모기가 사람 피를 빨 때 주둥이에 있던 3기 애벌레가 사람 몸속으로 들어가며 감염된다는 사실까지 확인되었어요.

이렇게 몸속으로 들어간 애벌레가 림프샘이나 림프관에 자리를 잡아요. 열 달 뒤에 어엿한 어른벌레로 자라면 암컷과 수컷이 짝짓기를 하고, 실처럼 가느다란 새끼 사상충을 낳아요. 이게 바로 1기 애벌레인 마이크로필라리아랍니다. 마이크로필라리아는 모기가 사람의 피를 빨 때 잽싸게 모기에게 옮겨 가, 모기 안에서 3기 애벌레로 자라며 또 다른 희생자를 기다리지요.

사상충에 감염되었는지는 혈액 검사를 통해 알 수 있어요. 마이크

미니 기생충 박스
사상충의 한살이

사상충은 모기와 사람을 모두 이용해요. 모기가 피를 빨때 모기 속에 있던 3기 애벌레는 사람 몸으로 들어가 자리를 잡고, 열 달 뒤에 어른이 되어 새끼를 낳죠. 새끼 사상충은 모기가 피를 빨 때 다시 모기에게로 옮겨 가요.

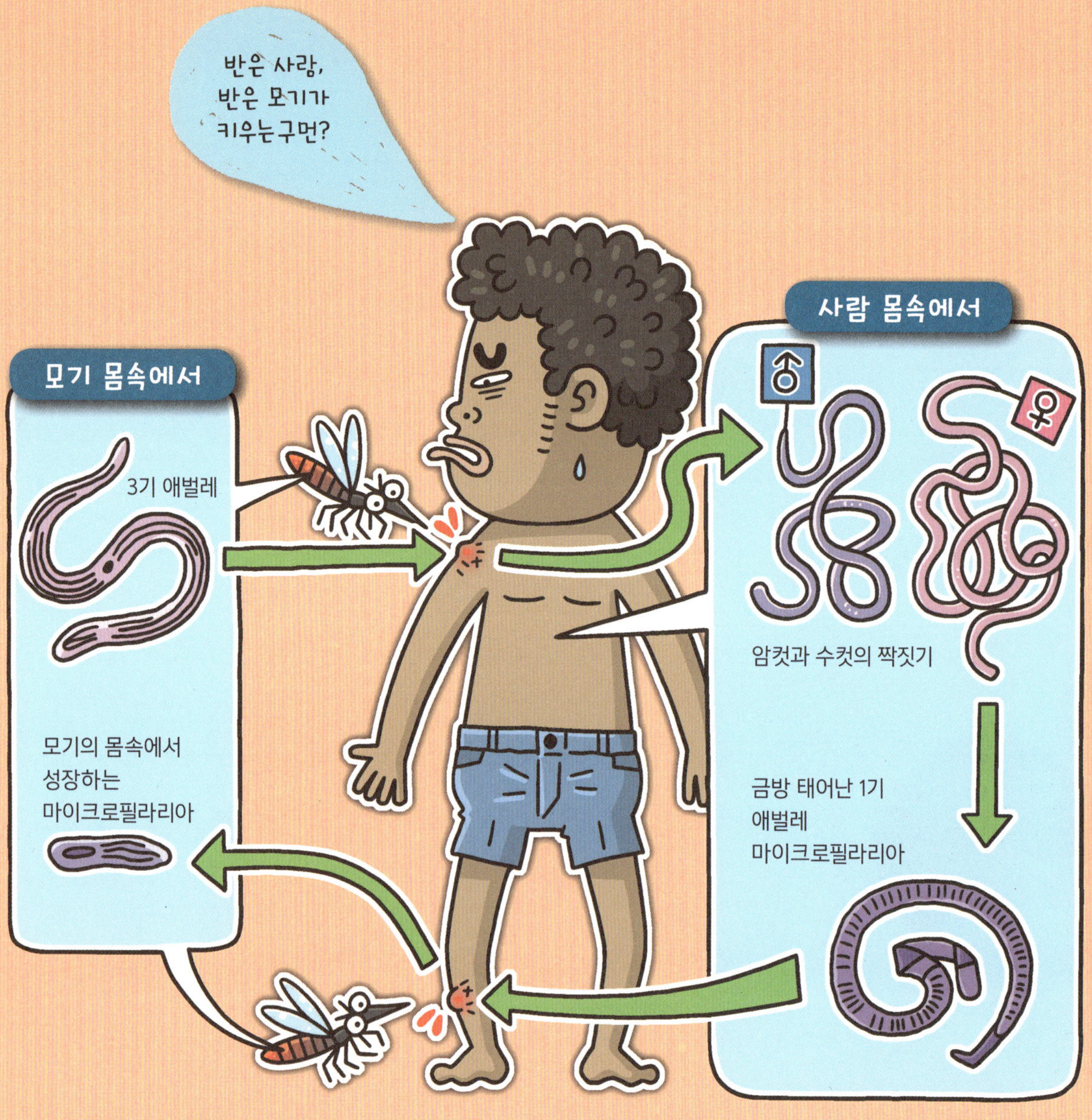

로필라리아는 방학 때의 아이들처럼, 낮 동안에는 몸 깊숙한 곳에 있는 정맥에 숨어 있다가 밤이 되면 나와서 피부 말초 혈관을 돌아다녀요. 마이크로필라리아의 이런 습성을 '야간 주기성'이라고 하죠. 그래서 마이크로필라리아가 활발하게 활동하는 밤 열두 시쯤 혈액을 채취해 검사해 보면, 사상충 감염 여부를 확실히 알 수 있어요.

우리나라엔 없을까?

우리나라에서 사상충에 관한 기록은 고려 시대부터 나타나요. 당시 중국, 인도네시아, 서아시아 지역의 나라와 무역을 하면서 사상충이 유행하게 되었죠. 사상충은 특히 제주도에서 유행해서, 실제로 팔다리가 굵어진 사람들이 꽤 있었다고 해요. 제주도의 사상충은 이제는 거의 박멸됐어요. 우리나라 최초의 기생충학 교실을 만든 서울대학교 의과 대학 서병설 교수의 노력 덕분이랍니다.

서병설 교수는 1968년부터 제주도에서 지내며 주민들의 피를 뽑아 검사했고, 사상충 감염자에게는 어김없이 약을 먹였어요. 그 덕분에 사람들은 장애가 생기기 전에 치료될 수 있었죠. 첫 조사에서 17퍼센트에 이르렀던 제주도의 사상충 감염률은 1980년대에는 0.3퍼센트로 낮아졌고, 지금은 0퍼센트예요. 2003년 흑산도에서 6명, 2009년 신안군에서 2명의 감염자가 발견되는 등 완벽하게 박멸된 것은 아니지만, 큰 위협은 되지 않고 있어요.

치료법 연구의 열쇠 '볼바키아'

사상충을 효과적으로 치료하는 방법은 아직 없지만, 과학자들은 사상충 속 볼바키아라는 세균을 주목하고 있어요. 세균이라고 하면 기생충에게 해를 끼칠 것 같지만, 볼바키아는 오히려 사상충에게 큰 도움을 주죠. 사상충은 볼바키아에게 아미노산을 제공하고, 대신 볼바키아는 사상충이 사람 몸 안에서 어른이 되는 데 큰 역할을 해요. 볼바키아가 없다면 사상충은 어른으로 자라지 못할 뿐만 아니라 어른이 된다 해도 오래 살기 어려워요.

현재 사상충을 치료하는 데 사용되는 '디에틸카르바마진'이라는 약은 구하기가 쉽지 않고 부작용도 있어요. 만약 볼바키아를 죽이는 항생제를 만들어 감염 초기에 투여한다면 간단히 림프사상충증을 예방할 수 있을 거예요. 현재 볼바키아에 대한 연구가 활발히 진행되고 있으니, 머지않아 이렇게 말할 수 있겠죠? 사상충, 너도 이제 끝이야!

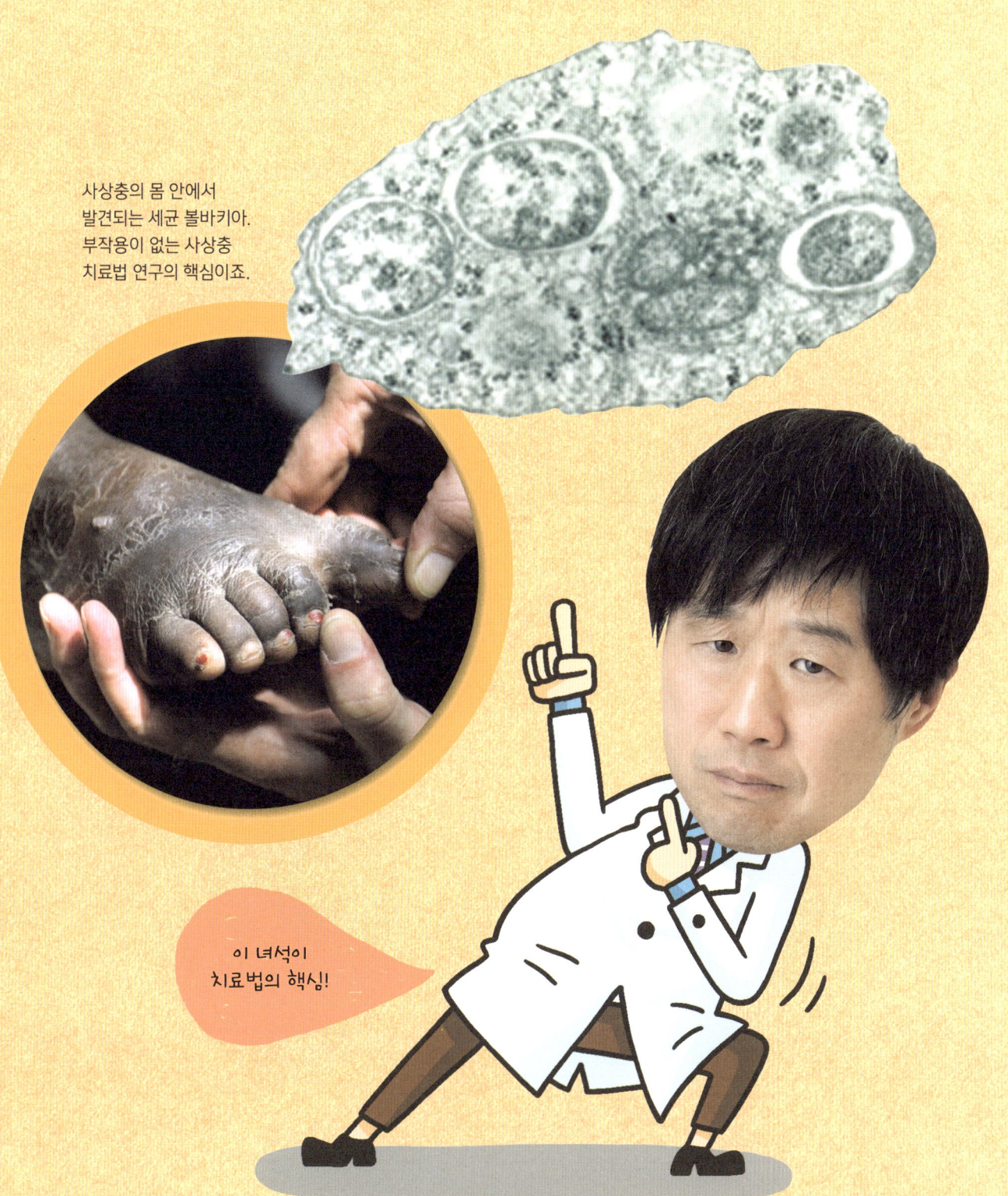

사람을 죽일 수도 있는 무서운 기생충, 간모세선충.
사람의 간 속으로 들어간 간모세선충은 우리 몸을
지키는 쿠퍼 세포와 엄청난 전투를 벌여요.
이 대결은 어떻게 끝날까요?

내 자손을 위해!

간모세선충

 홍 코너 기생충, 간모세선충을 소개합니다.

 하나 둘, 하나 둘!

 뭘 하고 있는 거죠?

 자손들을 위해 쿠퍼 세포랑 한판 할 준비 중이지!

 중얼중얼….

 뭐라고?

 아, 아니에요. (나는 쿠퍼 세포 응원해야지!)

 엄마가 길을 닦을 테니 무럭무럭 자라야 한다, 알들아!

엄청난 크기의 간, 범인은 간모세선충

1990년, 14개월 된 아기가 대학 병원에 왔어요. 해열제도 듣지 않고 5주 동안 열이 내리지 않아 동네 병원에 갔더니, 간이 커져 있다며 큰 병원에 가 보라고 했던 거예요. 아기의 간을 검사한 대학 병원 의사는 깜짝 놀랐어요. 간이 너무 커져서, 배 전체가 간이라고 해도 될 정도였거든요. 도대체 무엇이 아기의 간을 크게 만든 걸까요?

혈액 검사 결과, 정상이라면 5천~1만 개 정도여야 할 백혈구 수치가 2만 3천 개로 늘어나 있었죠. 백혈구가 증가했다는 것은 몸속에 외부 병원체가 침입했으며, 외부 병원체와 맞서기 위해 몸이 백혈구를 많이 만들었다는 뜻이에요. 어떤 외부 병원체였을까요?

간을 침범하는 바이러스에 대한 검사 결과는 모두 '해당 사항 없음.'이었지만, 특이한 점이 있었어요. 백혈구 중 기생충을 담당하는 '호산구'가 14퍼센트로 증가해 있었던 거죠. 하지만 대변에서는 어떤 기생충도 나오지 않았어요. 결국 최후의 수단으로 간을 조금 떼어 내어 검사해 보기로 했답니다.

검사 결과를 분석한 병리과 의사는 흥분된 목소리로 처음 보는 기생충 알이 보인다고 소리쳤어요. 그 기생충 알은 편충 알처럼 양 끝에 마개가 있기는 했지만, 자

몸속에 알을 품고 있는 간모세선충. 알의 크기는 50~60 마이크로미터쯤 되고, 몸길이는 5~7센티미터가량이에요.

세히 보니 편충 알과는 확연히 달랐어요. 그건 바로 간모세선충의 알로, 이 아기는 우리나라에서 발견된 첫 번째 간모세선충 환자가 되었지요.

간모세선충과 쿠퍼 세포가 만났을 때

간모세선충은 사람을 죽일 수도 있는 몇 안 되는 무서운 기생충 중 하나예요. 하지만 결론부터 말하자면, 이 기생충이 특별히 악해서가 아니랍니다.

자손의 번식을 위해 사는 기생충의 특성상 알 낳기에 몰두하다 보니 그리 된 것뿐이에요. 간모세선충이 우리 몸속에 들어오면 어떤 일이 일어날까요?

쿠퍼 세포 vs 간모세선충

몸속으로 들어와 간으로

간모세선충은 알인 상태로 사람 몸속으로 들어와요. 쥐가 간모세선충에 많이 감염되는데, 쥐가 죽으면 간 속의 간모세선충 알이 흩어져 흙으로 가지요. 그런 흙으로 흙장난을 하다가 그 손으로 과자를 먹으면 간모세선충에 감염돼요. 그래서 감염자는 대부분 흙장난을 즐기는 여덟 살 이하 어린이죠.

몸속에 들어온 간모세선충 알은 작은창자에서 부화해 애벌레가 돼요.

밥을 먹으면 영양분은 작은창자의 혈관을 통해 간으로 가는데, 우리 몸은 간모세선충의 애벌레도 영양분으로 생각하고 간으로 보내 버려요.

간에 간모세선충 애벌레 한 쌍이 도달하면 쿠퍼 세포가 간모세선충 애벌레에게 달려들어요. 쿠퍼 세포는 외부에서 들어온 이물질을 먹어 치워 우리 몸을 보호해요. 하지만 쿠퍼 세포는 크기로나 싸움 실력으로나 애벌레의 상대가 안돼요. 애벌레는 무럭무럭 자라 어른이 되어 짝짓기를 해요. 짝짓기를 마친 암컷이 알을 낳으면 본격적인 문제가 시작되지요.

십칠일째 헉헉, 너무 힘들다. 저 암컷이 낳는 알 때문에 간이 절반 가까이 섬유질로 바뀌어 버렸다. 우리가 암컷의 계략에 속아 넘어가 멀쩡한 간세포를 망가뜨리는 게 아닌가 걱정된다. 으으, 암컷이 또 알을 낳는다!

이십사일째 간의 대부분이 섬유질로 변해 버렸다. 남은 간세포들이 우리더러 욕을 한다. 기생충보다 더 나쁘다고…. 억울하다. 더 열심히 알들을 포획해서 우리가 살아 있다는 걸 보여 줘야지. 알들아, 덤벼라!

이십팔일째 좋은 소식과 나쁜 소식이 있다. 좋은 소식은 간모세선충들의 살날이 얼마 남지 않았다는 것, 나쁜 소식은 이제 간에서 멀쩡한 곳이 거의 없다는 것. 이걸 사람들은 간경화라고 한다지. 가만, 그럼 난 이제 어떻게 되는 거야?

각자 할 일을 했을 뿐인데

암컷이 한 마리 정도라면, 쿠퍼 세포도 간을 무사히 지켜 낼 수 있을지 몰라요. 하지만 간모세선충이 수십 마리가 되면 수많은 알을 낳고, 쿠퍼 세포가 알들을 모두 섬유질로 감싸게 되어 간의 많은 부분이 섬유질로 변하는 간경화가 일어나요.

그렇다고 계속해서 알을 낳는 간모세선충을 욕할 수만은 없어요. 간모세선충은 기생충으로서 자손을 남겨야겠다는 삶의 목적을 이루기 위해 노력한 것이니 말이에요. 게다가 간모세선충은 살아 있는 동안 쉴 새 없이 알을 낳는데, 그 때문에 간모세선충의 수명도 점점 줄어들지요. 쿠퍼 세포와 간모세선충 모두 각자의 역할을 했을 뿐이지만, 안타깝게도 그 와중에 사람이 큰 피해를 보게 되는 거죠.

무섭지만 예방은 간단

자손을 남기려는 간모세선충과 몸을 지키려는 면역계 사이의 전쟁이 계속되면 숙주인 사람은 열이 나고, 간이 커지고, 호산구를 비롯한 백혈구 숫자가 증가해요. 또 결국은 간경화가 진행되어 생명을 위협받게 되지요. 2010년까지 보고된 간모세선충 감염자는 72명인데, 이들의 생존율은 39퍼센트에 불과해요.

하지만 다행히 의학 기술이 발달한 1990년대 이후에는 생존율이 훨씬 높아졌고, 우리나라에서 처음으로 간모세선충에 감염된 아기도 한 달 이상 구충제를 먹고 간모세선충을 물리쳤답니다. 그래도 무섭다고요? 아주 간단하고 쉬운 예방법이 있어요. 바로 흙장난을 하고 손을 잘 씻는 거죠. 참 쉽죠?

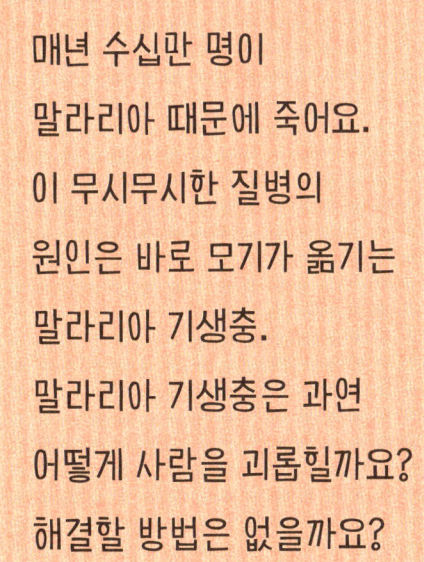

매년 수십만 명이 말라리아 때문에 죽어요. 이 무시무시한 질병의 원인은 바로 모기가 옮기는 말라리아 기생충. 말라리아 기생충은 과연 어떻게 사람을 괴롭힐까요? 해결할 방법은 없을까요?

그것이 문제로다.

어떻게 모기한테 돌아간단 말인가….

말라리아

 모기와 사람 사이를 오가는 말라리아 기생충을 만나 봅시다.

 안녕! 내가 모기 다음으로 좋아하는 사람을 만나니 기쁘네.

 좋아한다면서 왜 사람 몸속에 들어가 사람을 시름시름 아프게 하는 거예요?

 사람들은 나랑은 다르게 모기를 싫어해서 맨날 모기를 휙휙 쫓으니까 어쩔 수 없이….

 네가 모기 물린 사람의 가려움을 알아? 발바닥에 모기 물려 봤어?

 뭐, 사람과 기생충은 사는 방법이 다르니까.

 훠이~! 모기도 말라리아도 저리 가!

뇌혈관을 막는 나쁜 말라리아 기생충은 추위에 약해 우리나라의 겨울을 견디지 못해요. 좋은 말라리아는 사람에게 들어오면 이틀마다 열이 나게 하는데, 이를 삼일열 말라리아라고 불러요. 나쁜 말라리아는 아프리카에 많고 열대열 말라리아라고 부르지요.

훨씬 위험한 말라리아가 있다

2013년 말라리아로 사망한 사람은 58만 명 정도로, 사망자 대부분은 아프리카에서 나왔어요. 하지만 같은 해 우리나라에도 443명의 말라리아 환자가 발생했지요. 그런데도 우리나라 사람들이 말라리아에 대해 별 관심이 없는 이유는 우리나라 말라리아는 이른바 좋은 말라리아, 다시 말해 비교적 덜 해로운 말라리아이기 때문이에요.

말라리아는 감염되었을 때 공통적으로 발열과 오한을 일으키는 나쁜 병원균이에요. 크게 두 종류가 있는데, 그중 한 종은 사람의 뇌혈관을 막아 죽음에 이르게 해요. 그래서 다른 말라리아를 상대적으로 좋은 말라리아라고 부르는 거랍니다.

말라리아가 유난히 심한 증상을 일으키는 이유는, 말라리아가 원래 모기의 기생충이기 때문이에요. 모기가 여러 동물의 피를 빨면서 말라리아도 다양하게 진화했어요. 하지만 말라리아는 여전히 모기의 몸속에서만 짝짓기를 해서 알을 낳을 수 있어요. 그래서 사람 몸에 들어온 말라리아는 어떻게든 다시 모기한테 가려고 하죠. 하지만 사람은 모기를 쫓아 버려요. 고민하던 말라리아는 사람 몸에 열이 나게 하여 사람이 아무런 의욕 없이 누워 있도록 만들어요. 모기가 사람 피를 빨기 좋아지게 만드는 거죠. 그리고 때를 노려 모기에게 옮겨 가요. 이게 좋은 말라리아의 전략이랍니다.

그런데 나쁜 말라리아는 한 발 더 나아가요. 아예 사람의 뇌혈관을 막아 혼수상태로 만들어 버리면 더 편하게 모기한테 갈 수 있다고 생각하죠. 이런 이유로 나쁜 말라리아는 사람을 죽이기까지 한답니다. 아무리 짝짓기가 좋다 해도 너무 심하죠?

말라리아와 노벨상

의학이 발달하지 않았던 과거에는 말라리아가 지금보다 더 큰 골칫거리였어요. 골칫거리를 해결하려면 원인을 알아야겠죠? 말라리아의 정체를 알아낸 사람은 프랑스의 식민지였던 알제리에 파견된 군의관 알퐁스 라브랑이에요.

라브랑은 2년간 말라리아로 죽은 수많은 사람을 부검했어요. 그러던 어느 날 열이 나는 환자의 혈액을 현미경으로 보다가 말라리아 병원체를 발견했죠. 처음에 사람들은 말라리아가 혈액에 산다는 걸 믿지 않았어요. 나중에야 라브랑의 말이 옳다는 게 확인되었고, 라브랑은 노벨 의학상을 받았답니다.

이제 말라리아가 어떻게 전파되는지가 문제였죠. 말라리아(malaria)는 라틴어로 나쁘다는 뜻의 'mal'과 공기라는 뜻의 'aria'가 합쳐진 말이에요. 옛날 사람들은 말라리아가 공기 중에 있는 무언가 때문에 생긴다고 생각했거든요. 말라리아의 전파 경로를 알아낸 건 로널드 로스예요. 로스는 현미경이 녹슬 정도로 땀을 흘리며 모기를 들여다보았고, 결국 2년 뒤 모기에서 말라리아 병원체를 발견했어요. 그 공로로 로스도 노벨 의학상을 받았죠.

DDT라는 살충제를 발명한 폴 뮐러도 노벨상을 받았어요. DDT 때문에 모기가 싹 죽어서 말라리아 환자가 크게 줄었거든요. 중국의 투유유 박사도 말라리아 치료의 특효 성분인 아르테미시닌을 개발해서 노벨 생리 의학상을 탔지요. 기생충을 연구해서 노벨상을 타려면 말라리아를 주제로 잡으면 좋겠죠?

말라리아 어떻게 치료할까?

최초의 말라리아 치료제는 남미의 안데스 산맥에서 자라는 기나나무 속 퀴닌 성분을 이용한 것이었어요. 말라리아는 혈액 속 적혈구 안에 살면서 헤모글로빈을 주식으로 삼는데, 그걸 먹고 난 찌꺼기가 말라리아에 치명적인 독성을 띠어요. 그래서 말라리아는 나름대로 쓰레기봉투를 만들어 거기에 찌꺼기를 버리죠. 퀴닌은 말라리아가 쓰레기봉투를 만들지 못하게 해서 말라리아를 죽여요.

안데스 산맥에서 자라는 기나나무

이후 클로로퀸이라는 더 효과적인 약도 나왔지만 말라리아는 치료제에 대한 저항성을 금방 만들어 냈어요. 심지어 최근 중국 과학자들이 개똥쑥을 이용해 새로운 치료제를 만들었는데, 그에 대한 내성을 가진 말라리아도 발견됐다고 해요. 말라리아를 막으려면 다른 방법을 마련해야겠죠? 백신을 개발하려는 노력도 오랫동안 이어지고 있지만 적혈구 속에 숨어 있는 말라리아를 효과적으로 잡는 백신은 아직이랍니다.

모기를 잡으면 말라리아가 잡힌다

하지만 방법은 있어요. 말라리아는 모기가 전파하죠. 그렇다면 모기에 안 물리면 되지 않겠어요? 문제는 모기장 가격이 제법 비싸다는 거예요. 그냥 모기장이 아니라 화학 약품 처리가 되어 모기가 앉으면 바로 죽어 버리는 모기장이어야 하는데, 이 모기장은 우리나라

돈으로 1만 원가량이에요. 말라리아가 유행하는 저개발 국가의 국민들에게는 매우 부담스러운 금액이죠.

그래서 전 세계적으로 모기장 보내기 운동이 벌어지고 있어요. 미국의 한 농구 선수는 3점 슛을 넣을 때마다 모기장 세 개를 저개발 국가에 보내고 있지요. 다른 나라에서도 '모기장 하나면 한 가족을 살립니다'라는 캠페인이 벌어지고 있고요.

우리나라에서도 몇몇 연예인들이 나섰지만 대부분은 별 관심이 없어요. 선진국의 기준이 우리와 관계없는 사람들의 생명을 챙기는 것이라면, 우리나라는 아직 선진국이 아닌 거죠. 말라리아로 고통받는 사람들이 모기장을 살 수 있게 후원하는 것, 그게 바로 우리나라가 선진국이 되는 길 아닐까요?

무서운 기생충 별난 어워드

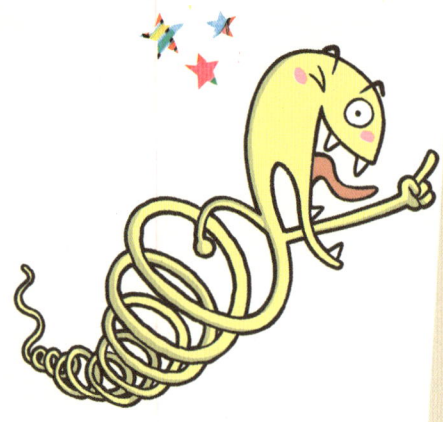

🏅 뜨거워서 팔짝!
핫 뜨거 상 메디나충

가장 뜨거운 고통을 주는 기생충에게 주는 상의 주인공은 바로 메디나충이에요. 메디나충은 몸에 들어가 피부를 불에 덴 것처럼 화끈화끈하게 만들어 감염된 사람을 물가로 향하게 만들죠. 뜨거운 것과 어울리게 '불뱀'이라는 또 다른 이름도 가지고 있어요.

 네 시력을 빼앗아 주마!
심 봉사 상 회선사상충

심청전에 나오는 심청의 아버지 심 봉사는 다들 알죠? 앞을 못 보는 심 봉사처럼 실명의 고통을 안겨 주는 기생충에게 주는 상! 그 주인공은 바로 회선사상충이랍니다. 트라코마 병원체에게 조금 뒤지긴 하지만, 수많은 사람의 시력을 앗아 간 무시무시한 녀석이죠.

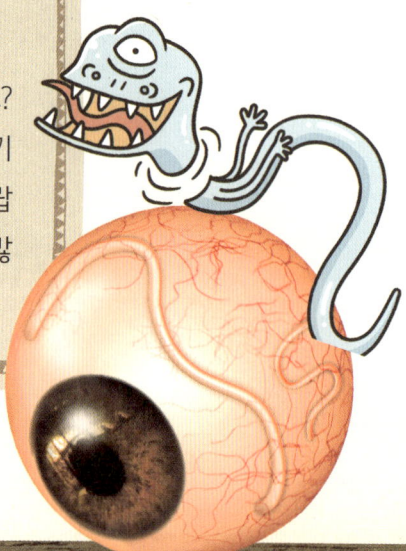

자고 자고 또 자고…
답 없는 잠꾸러기 상 수면병원충

깨지 않고 잠만 자면 좋을 것 같지만, 밥도 못 먹고 움직일 수도 없으니 무척 고통스러울 거예요. 영원한 잠의 고통을 안겨 주는 기생충, 수면병원충에게 딱 맞는 상이죠? 수면병원충을 옮기는 체체파리가 아프리카에만 살고 있으니 그나마 다행이에요.

개미 목숨은 내 손에 달렸지!
마음대로 조종 상 개미선충

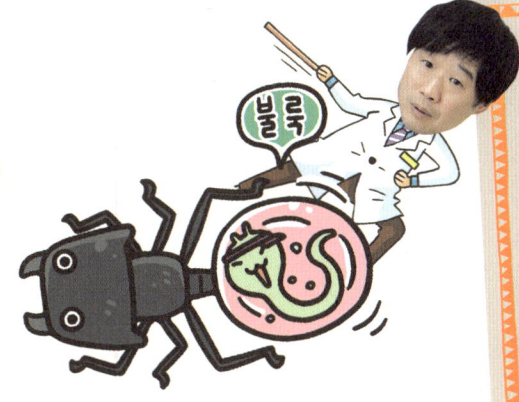

삐리리, 움직여랏! 숙주를 제 뜻대로 움직이는 것도 모자라 배의 색깔까지 빨갛게 변하게 만들다니, 완전 초능력자네요. 게다가 개미를 그냥 죽게 하는 것도 아니고 개미를 싫어하는 새에게 잡아먹히게 하다니! 이 상은 당연히 개미선충이 받아야겠죠?

흔적도 없이 살금살금…
어느 날 갑자기 상 크루즈파동편모충

소리 소문 없이 심장을 침범해 죽음에 이르게 하는 샤가스병! 빈대에게 한 번 물렸을 뿐인데 갑자기 죽게 된다면 정말 무섭겠죠? 닌자처럼 조용히, 갑작스러운 죽음의 공포를 가져다주는 크루즈파동편모충이 바로 이 상의 주인이에요.

작다고 무시하면 큰 코 다쳐!
작은 고추가 맵다 상 와포자충

몸집이 작은 사람은 별로 안 무서울 것 같죠? 하지만 몸집은 작더라도 주먹은 셀지도 몰라요. 와포자충도 크기가 5마이크로미터밖에 안 되지만, 마음 먹고 나섰다 하면 감염자 수가 40만 명까지 나와요. 그러니까 작다고 무시하면 안 되겠죠?

뇌, 부숴 버리겠어!
네 머릿속에 나 있다 상 파울러아메바

코를 통해 뇌로 들어가 뇌를 파괴하는 무시무시한 기생충, 파울러아메바가 아니면 이 상을 누구에게 주겠어요? 게다가 사람이 없이도 살 수 있기 때문에 더 무섭죠. 물이 있는 곳이라면 어디든 있다고 하니, 물에 들어갈 땐 꼭 코마개를 준비하세요!

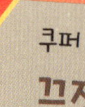
쿠퍼 세포에게 질 순 없지!
끈질긴 파이터 상 간모세선충

나쁜 녀석이긴 하지만, 끈기 하나는 정말 칭찬해 주고 싶은 기생충이 있어요. 바로 간모세선충이에요. 간모세선충의 끈기는 정말 상을 받아 마땅해요. 자손을 남기기 위해 쿠퍼 세포의 쉴 새 없는 공격을 이겨 내며 끊임없이 알을 낳다니, 정말 놀라운 끈기예요.

팔다리가 퉁퉁! 부풀리기 대마왕 상 사상충

팔다리를 잔뜩 부풀려 영구적인 장애를 안기는 최악의 기생충에게 주는 이 상의 주인공은 당연히 사상충이죠. 림프샘에 들어가도 살아서는 얌전한 녀석이, 왜 죽어서 문제를 일으키는지 몰라요. 게다가 낮에는 꽁꽁 숨어 있다가 밤에만 움직인다니, 진짜 희한한 녀석이죠?

치료제 다 덤벼! 세계 최고 내성 상 말라리아

엄청난 내성으로 박멸되지 않고 꿋꿋하게 버티고 있는 기생충, 말라리아가 이 상의 주인공이에요. 새로운 치료제를 만들기가 무섭게 내성을 가지다니, 내성 하나는 세계 최고죠. 모든 말라리아가 다 최악은 아니지만, 아프리카에 많은 열대열 말라리아는 짝짓기를 위해 사람을 혼수 상태에까지 빠지게 해요. 치료도 어려우니 예방에 힘써야겠죠?

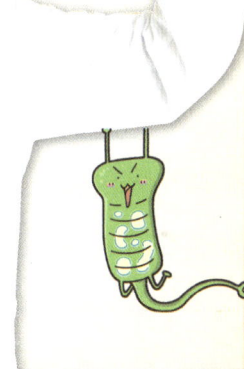

작가의 말

　2016년 10월, 일본 언론에서 오스미 교수가 노벨 생리 의학상을 수상했다는 소식을 대서특필했어요. 노벨 과학상만 따지면 3년 연속 수상이고, 그간 배출한 수상자만 스물두 명이죠. 반면 아직 노벨 과학상 수상자가 없는 우리나라는 또다시 훗날을 기약해야 해요. 22 대 0, 한국과 일본의 차이는 도대체 어디서 비롯될까요? 여러 이유가 있겠지만, 우리가 기생충을 사랑하지 않는다는 것도 그중 하나라고 생각해요.

　무슨 말이냐고요? 사람들은 기생충이 실패한 생명체라고 생각하지만, 전혀 그렇지 않아요. 기생충은 수억 년 전에도 존재했고, 지금도 번성하고 있어요. 사람에서는 많이 줄었지만 새나 물고기 등 야생 동물에게는 여전히 기생충이 많이 있거든요. 이 끈질긴 생명력의 비결은 그들의 놀라운 창의성이랍니다.

　연가시를 예로 들어 볼게요. 연가시는 물속에서만 짝짓기를 하고 알을 낳으니, 숙주인 곤충이 어떻게든 물가로 가게 만들어야 해요. 이 문제를 해결하지 못하면 연가시는 멸종할 위기였죠. 결국 연가시는 곤충으로 하여금 목이 마르게 만드는 단백질을 만들어 냈고, 지금도 물 맑은 계곡에선 우아하게 헤엄치는 연가시를 볼 수 있어요.

　5미터가 넘는 길이에도 불구하고 사람 몸 안에 얌전히 들어앉아 있는 광절열두조충, 쥐로 하여금 고양이를 무서워하지 않게 만드는 톡소포자충 등등 연가시 말고도 신기한 기생충은 많이 있어요. 그래서 저는 주장해요. 기생충에 관심을 갖는 것은 과학자가 되는 지름길이라고요.

일본의 수도 도쿄에는 메구로 박물관이라고, 기생충을 전시해 놓은 박물관이 있어요. 원할 때 언제든 기생충을 볼 수 있다는 얘기지요. 자꾸 보면 정든다고, 기생충도 직접 가서 보면 예뻐 보일 수 있고, 그러다 보면 그들에게도 배울 점이 있다는 걸 깨닫게 된답니다. 반면 우리 사회는 지나치게 기생충을 혐오해요. 심지어 '기생충 같은 X'이라는 욕까지 난무하고 있지요. 과학자를 꿈꾸는 아이들도 줄었고요. 초등학교 아이들의 장래 희망 1위가 공무원이라는 건 더 이상 뉴스거리가 되지 않을 정도지요. 이런 추세가 이어진다면 앞으로도 노벨 과학상 수상은 힘들 거예요.

안타깝게도 우리나라에 기생충 박물관이 세워지는 일은 당장 이루어질 순 없어요. 돈도 돈이지만, 기생충 샘플을 구하는 게 쉽지 않기 때문이지요. 그렇다고 아무것도 안 할 수는 없는 노릇! 제가 책을 쓰고 강연을 하는 것은 사람들에게 기생충의 매력을 알리기 위해서랍니다. 이 책도 그런 취지에서 썼어요. 편견에 물들지 않은 어린이들을 대상으로 했기에 제 취지가 더 잘 전달될 수 있을 것으로 기대해요. 이 책을 접한 친구들이 과학자의 꿈을 꾸고, 그중 노벨 과학상을 타는 분이 나왔으면 좋겠어요. 꼭!

사진 출처 및 제공처

16쪽 성냥을 이용해 메디나충을 감아올려 제거하는 모습_위키미디어 커먼스 By CDC
24쪽 주머니 안에 들어 있는 회선사상충_게티이미지
25쪽 먹파리_위키미디어 커먼스
27쪽 눈먼 어른을 인도하는 아프리카 어린이_The Global Network for Neglected Tropical Diseases By Olivier Asselin
29쪽 이버멕틴_머크 제약 회사
34쪽 체체파리_조지아대학
35쪽 적혈구와 수면병원충, 혈액 속에 숨어 있는 수면병원충을 확대한 모습_조지아대학
36쪽 말파리가 싫어하는 무늬를 알아보는 말 모형 실험_가보르 호르바스
40쪽 개미 속에 살고 있는 개미선충_서민 제공
41쪽 배가 빨갛게 변한 밀림개미_서민 제공
43쪽 곤충 몸 밖으로 나오는 연가시_위키미디어 커먼스 By Dr. Andreas Schmidt
44쪽 창형흡충_위키미디어 커먼스 By Adam Cuerden, 류코클로리디움 파라독섬에 의해 촉수가 애벌레처럼 변한 달팽이_위키미디어 커먼스 By Dick Belgers at waarneming.nl
45쪽 리베이로이아흡충에 감염된 개구리_위키미디어 커먼스
48쪽 카를루스 샤가스 박사_위키미디어 커먼스 By ZEISS Microscopy, 침노린재_위키미디어 커먼스 By Curtis-Robles et al.
51쪽 샤가스 병으로 파괴된 심장_위키미디어 커먼스 By CDC, 샤가스종이 생겨 눈 주변이 부어 오른 아이_위키미디어 커먼스 By CDC/Dr. Mae Melvin
52쪽 샤가스 병 경고문_By Pete Clemo
56쪽 와포자충_위키미디어 커먼스 By EPA/H.D.A. Lindquist
62-63쪽 파울러아메바_게티이미지
64쪽 뇌 속에 있는 파울러아메바를 확대한 모습_오클라호마 대학
70쪽 사상충_서민 제공
75쪽 볼바키아균_위키미디어 커먼스 By Scott O'Neill, 사상충에 감염돼 림프사상충증에 걸린 아이티 사람의 발_게티이미지
78쪽 몸속에 알을 품고 있는 간모세선충_fishpathogens.net By Craig Banner
86쪽 말라리아 모기_위키미디어 커먼스 By CDC, 암컷 모기의 침으로부터 나온 말라리아 변형체_위키미디어 커먼스 By Ute Frevert
88쪽 찰스 라브랑_위키미디어 커먼스 By Eugène Pirou, 로널드 로스_위키미디어 커먼스
90쪽 안데스 산맥에서 자라는 기나나무_Forest & Kim Starr

*웅진주니어는 이 책에 실린 모든 자료의 출처를 찾기 위해 최선을 다했습니다. 누락이나 착오가 있으면 다음 쇄를 찍을 때 꼭 수정하겠습니다.

두둥, 무서운 기생충이 입장하였습니다

초판 1쇄 2016년 12월 21일 | 초판 4쇄 2017년 7월 18일 | 글 서민 | 그림 김석 | 펴낸이 윤새봄 | 연구개발실장 장윤선
책임편집 안경숙 | 편집 주수진 | 디자인 민트플라츠 송지연 | 마케팅 신동익, 문혜원 | 제작 신홍섭
펴낸곳 (주)웅진씽크빅 | 주소 경기도 파주시 회동길 20 (우)10881 | 주문 전화 02)3670-1005, 1024 | 팩스 031)949-1014 | 문의 전화 031-956-7326
홈페이지 www.wjjunior.com | 블로그 wj_junior.blog.me | 페이스북 www.facebook.com/wjbook | 트위터 @wjbooks
출판신고 1980년 3월 29일 제 406-2007-00046호 | 제조국 대한민국

글 ⓒ 서민, 2016 | 그림 ⓒ 김석, 2016
저작권자와 맺은 특약에 따라 검인을 생략합니다.
ISBN 978-89-01-21445-0 · 978-89-01-21444-3(세트)

웅진주니어는 (주)웅진씽크빅의 유아·아동·청소년 도서 브랜드입니다.
저작권자와 맺은 특약에 따라 검인을 생략합니다. 이 책은 저작권법에 따라 보호받는 저작물이므로 무단 전재와 무단 복제를 금지하며,
이 책 내용의 전부 또는 일부를 이용하려면 반드시 저작권자와 (주)웅진씽크빅의 서면 동의를 받아야 합니다.

잘못 만들어진 책은 바꾸어 드립니다.
주의 1_책 모서리가 날카로워 다칠 수 있으니 사람을 향해 던지거나 떨어뜨리지 마십시오. 2_보관 시 직사광선이나 습기 찬 곳은 피해 주십시오.
웅진주니어는 환경을 위해 콩기름 잉크를 사용합니다.

 책을 읽는 새로운 경험, 웅진북클럽
구글 플레이와 앱 스토어에서 '웅진북클럽 체험판'을 다운받으세요.

· Android, Google Play 및 Google Play 로고는 Google Inc.의 상표입니다.
· Apple 및 Apple 로고는 미국과 그 밖의 나라에 등록된 Apple Inc.의 상표입니다. App Store는 Apple Inc.의 서비스 상표입니다.